青木和子
刺しゅうのレシピ
A to Z
文化出版局

Contents

008, 074	**A**	apple　apple mint　anchor　armchair　armadillo りんご　アップルミント　いかり　ひじ掛けいす　アルマジロ
010, 076	**B**	blue border　bean's bag　bird　button　balloon　butterfly 青い境界線　豆のバッグ　鳥　ボタン　気球　蝶
012, 078	**C**	cloud's chair　cat　crown　clock　cactus　cupcake 雲のいす　猫　王冠　時計　サボテン　カップケーキ
014, 080	**D**	daisy　diamond　denim　doughnut デージー　ダイアモンド　デニム　ドーナッツ
016, 082	**E**	Emily Dickinson……honeybee, clover エミリー・ディキンソンのブックカバー　エミリー・ディキンソンの詩……みつばち、クローバー
018, 084	**F**	flag　France　Finland　fork　four-leaf clover　fish　frog　feather 旗　フランス国旗　フィンランド国旗　フォーク　四つ葉のクローバー　魚　かえる　羽根
020, 086	**G**	green grass　garden goods 緑の草原　庭仕事の道具
022, 088	**H**	hotel amenity　hydrangea　hat ホテルのレターセット　あじさい　帽子
024, 090	**I**	initial A to Z　initial tape イニシャルのサンプラー　イニシャルのテープ
026, 092	**J**	jars of jam　jam……blueberry jam, raspberry jam, apricot jam ジャムの瓶　ジャム……ブルーベリー、ラズベリー、アプリコット
028, 094	**K**	kitchen tools　kitchen shelf キッチンツール　キッチンの棚
030, 096	**L**	leaf　lizard　lilac　London hat　lime 葉　とかげ　ライラック　ロンドンハット　ライム
032, 098	**M**	mushroom pincushion マッシュルームのピンクッション
034, 100	**N**	nuts……almond, cashew, walnut, peanut, pecan, pistachio ナッツ……アーモンド、カシューナッツ、くるみ、ピーナッツ、ピーカンナッツ、ピスタチオ

036,102	O	olive scale olive motif オリーブのスケール　オリーブのモチーフ
042,104	P	pink pansy pot pitcher ピンクのパンジー　ポット　ピッチャー
044,106	Q	quilting bee thimble queen bee card キルティングの指ぬき　女王ばちのトランプ
046,108	R	red collage rose red check red flower ruby 赤のコラージュ　ばら　赤い格子柄　赤い花　ルビー
048,110	S	Swarovski shoe swallow silver ring スワロフスキーの靴　つばめ　銀の指輪
050,112	T	tartan……Sutherland, MacPherson, Urguhart, Stewart Hunting, Stewart Prince Charles Edward, Stewart Dress タータン6種類
052,114	U	umbrella 雨傘
054,116	V	violet vegetables violet pencil violet verbena 紫色の野菜たち　紫色の鉛筆　すみれ　バーベナ
056,118	W	wreath wildflower リース　ワイルドフラワー
058,120	X	Xmas Advent calendar クリスマスのアドベントカレンダーのアイディア
060,122	Y	yellow yarn & yellow-green yarn collection 黄色と黄緑色の糸いろいろコレクション
062,124	Z	zebra zoo……chameleon, giraffe, koala, hedgehog, rabbit, sheep, hippopotamus, anteater シマウマ　動物園……カメレオン、キリン、コアラ、ハリネズミ、ウサギ、ヒツジ、カバ、アリクイ
006,038,064,068		Word association game
007		刺しゅうの連想ゲーム
069		アイディアの引出し
070		How to make 刺しゅうをするときに
071		刺しゅうのステッチ
074		各作品の作り方

apple   Emily Dickinson   nuts   swallow   wreath   hydrangea   ....

Word association game

bird   daisy   yellow   wildflower   rose   ....

chair   red check   kitchen shelf   fork   koala   ....

刺しゅうの連想ゲーム

クローゼットの中にいつの間にか集まる、気に入った小物、わくわくするアイディア。
庭仕事や花たちは刺しゅうする機会が多いけれど、
そのほかにも引出しの奥にはまだまだたくさんあるのです。
ある日、全部開いてみると、その中には小さなモチーフがぎっしり。
ありふれたモチーフばかりだけれど、ちょっとこだわって一文字ごとに並べると、
何の関係もないモチーフから物語が生まれたり、言葉遊びが展開したり。
小さなモチーフの世界は思いのほか、広いものでした。
この中から、一つだけ取り出してワンポイントで使ったり、
あるいは1ページをそのまま刺しゅうして、小さなフレームに入れたり。
このレシピのモチーフが、
毎日の暮らしの中のスパイス＝楽しい時間となったら……と願っています。

アトリエから　青木和子

To make a prairie it takes a clover and one bee,

One clover, and a bee,

And revery.

The revery alone will do,

If bees are few.

022
·088

A B C D E F G H I

J K L M N O P Q

R S T U V W X Y Z

025

035

0   1   2   3   4   5   6   7

036
→102

037

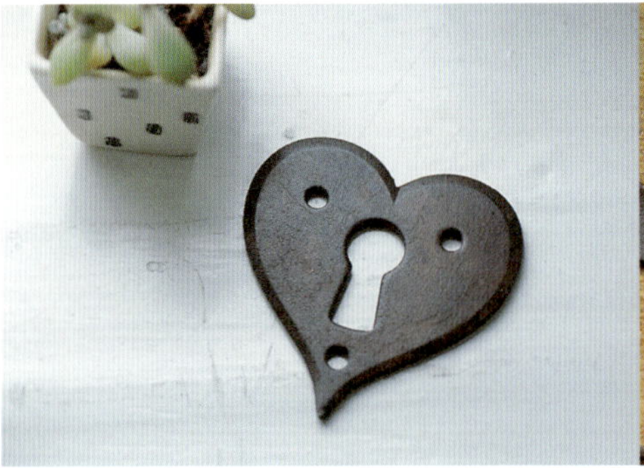
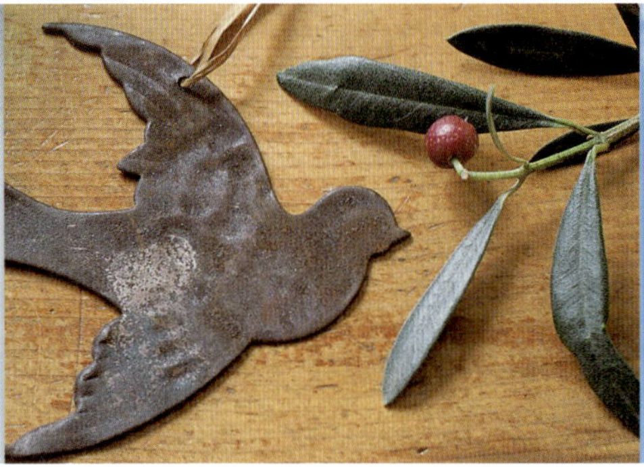
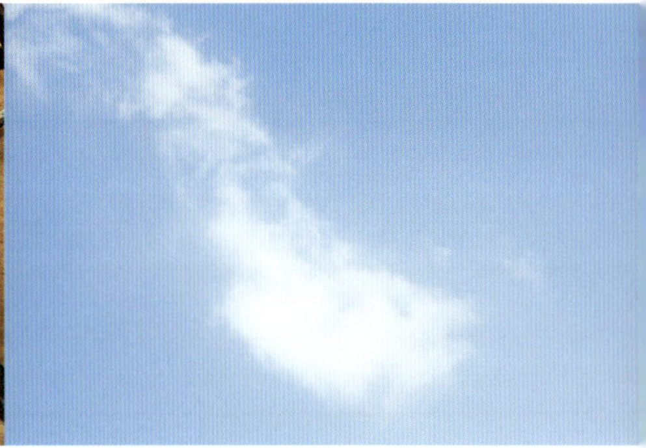

Word association game

heart   bird   cloud   gable   clover   hip   ....

Word association game

barn   frog   sky   stone   pond   acorn   ··············

041

042
→104

043

044
→106

045

046
→108

047

048
—110

049

050
112

051

052
→114

053

054
→116

055

056
→118

057

058
→120

059

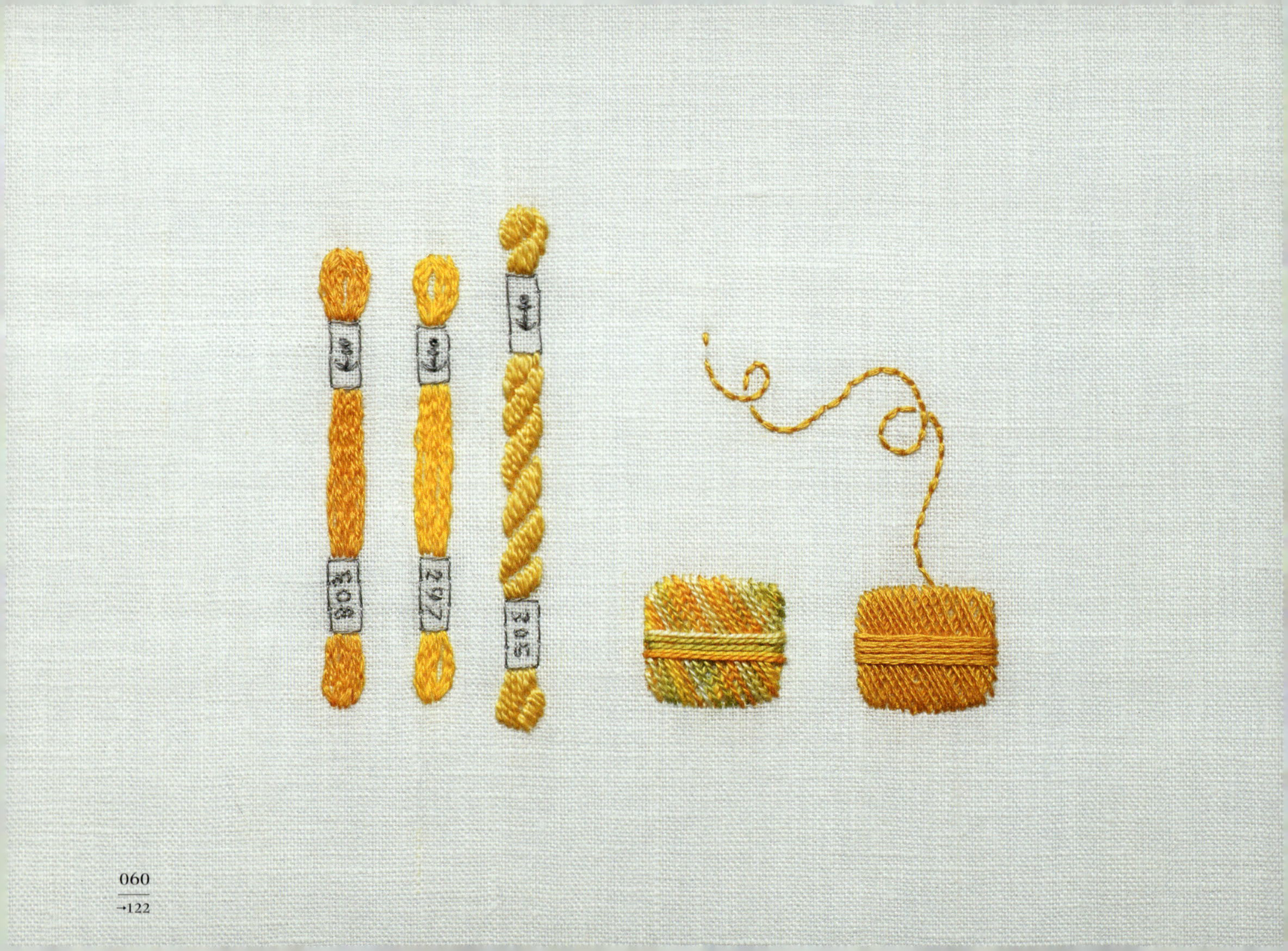

060

→122

061

062
→124

Zoo

Word association game

viola   present   fork   garden goods   blossom   frog   ············

065

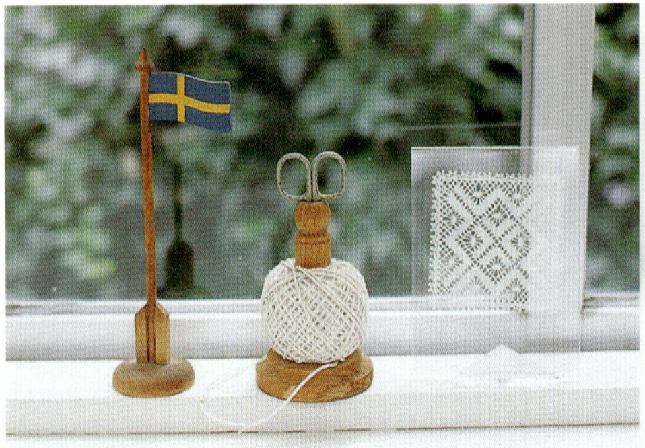

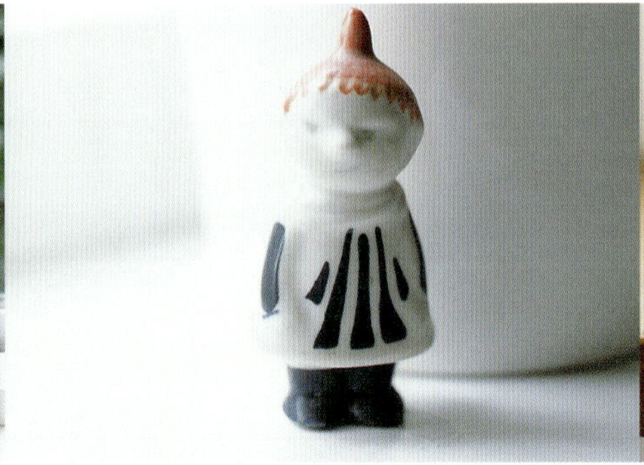

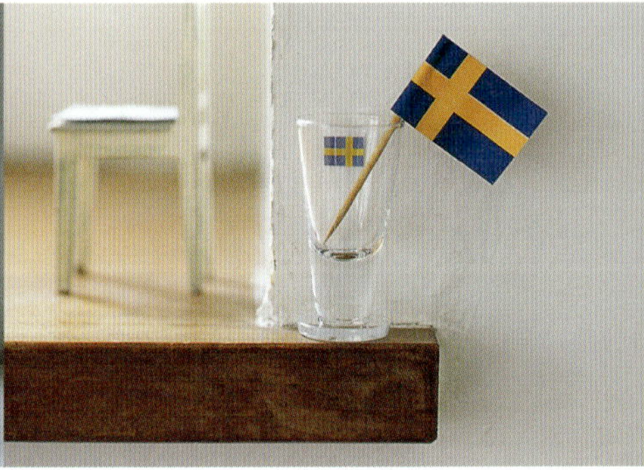

Word association game

craft   doll   Sweden   crystal   family   glass   ················

Word association game

initial   check   drop   denim   tartan   dot   feather   clock   ladybird   ....

アイディアの引出し

アイディアはどこからやって来るのでしょう。

それがわかれば、思い悩むことなく次々とデザインができます。

脳科学の本によれば、ひらめきは 体験＝記憶 からやって来るらしいのです。

せっせと記憶したことは眠っている間でさえ常に編集され、

そのプロセスで新しい何かを生み出す力が作られます。

それを引き出すきっかけは、私の場合、小さなものたち。

拾った石があった場所の土のにおいや空の色。

本をプレゼントしてくれた人と過ごした時間。

北欧で出会った木やガラスの肌ざわり。

小さなものたちが、記憶のキーになって、次々とアイディアの引出しを開けてくれます。

How to make
刺しゅうをするときに

・糸のこと
この本では、すべてアンカーの刺しゅう糸を使用しています。
5番刺しゅう糸はそのまま1本どりで刺しゅうします。
25番刺しゅう糸は細い糸6本でゆるくよられているので、使用する長さ（50〜60cmが最も使いやすい）にカットした後で1本ずつ引き抜き、指定の本数を合わせて使います（この本では指定がない場合は3本どり）。
2色以上の糸を合わせて針に通して刺しゅうすることを、「引きそろえ」と言います。色が混ざり合って深みが増し、効果的です。

・布地のこと
作品の多くには、麻100%、綿100%を使っています。刺しゅうをするベースの布地の裏面には必ず片面接着芯（中厚程度）をはります。布の伸びがなくなり、裏に渡った刺しゅう糸が表側に響かず、仕上りが格段によくなります。ただし、クロス類に仕立てるものにははらない場合もあります。
本の中では、作品の布地の余白が多めになっているものがあります。仕立ての方法にもよりますが、パネルや額に入れる場合は、図案のまわりに10cm以上つけておきます。
クロスステッチをしている作品（Rのコラージュを除く）は、1cmが5.5目のクロスステッチ用の布に刺しゅうをしています。

・針のこと
刺しゅう糸と針の関係はとても大切。糸の太さに合わせて、針を選んでください。針先のとがったものを使用します。
　　　5番刺しゅう糸1本どり……フランス刺しゅう針No.3〜4
　　　25番刺しゅう糸2〜3本どり……フランス刺しゅう針No.7
　　　25番刺しゅう糸1本どり……細めの縫い針
また、クロスステッチ用の布の場合は、先のとがっていない針を使用します。
　　　1cmが5.5目の布（25番刺しゅう糸2本どり）……クロスステッチ針No.24

・図案のこと
図案は、実物大で掲載しています。まず、トレーシングペーパーに写し取ります。さらに、布地の表面にチョークペーパー（グレーがおすすめ）と図案を描いたトレーシングペーパーを重ねて、布地に写します。または、ピーシングペーパーに図案を写し取り、布地にアイロン接着する方法もあります。ざっくりした麻布は図案が写しにくいので、ピーシングペーパーのほうが向いています。

・枠のこと
刺しゅうをするときは、布地を枠に張るときれいに仕上がります。小さいものは丸枠、大きなものはサイズに合わせて、文化刺しゅう用の四角の枠を使います。

刺しゅうのステッチ
図案の中では、ステッチを「S」と省略しています。

ランニングステッチ

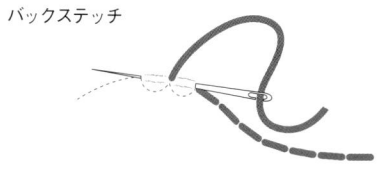

バックステッチ

アウトラインステッチ

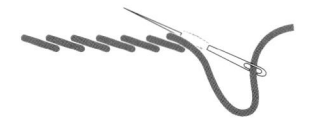

コーチングステッチ

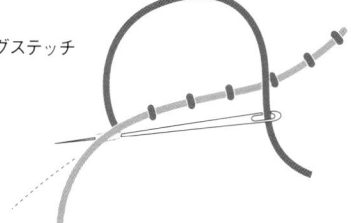

ストレートステッチ

スプリットステッチ

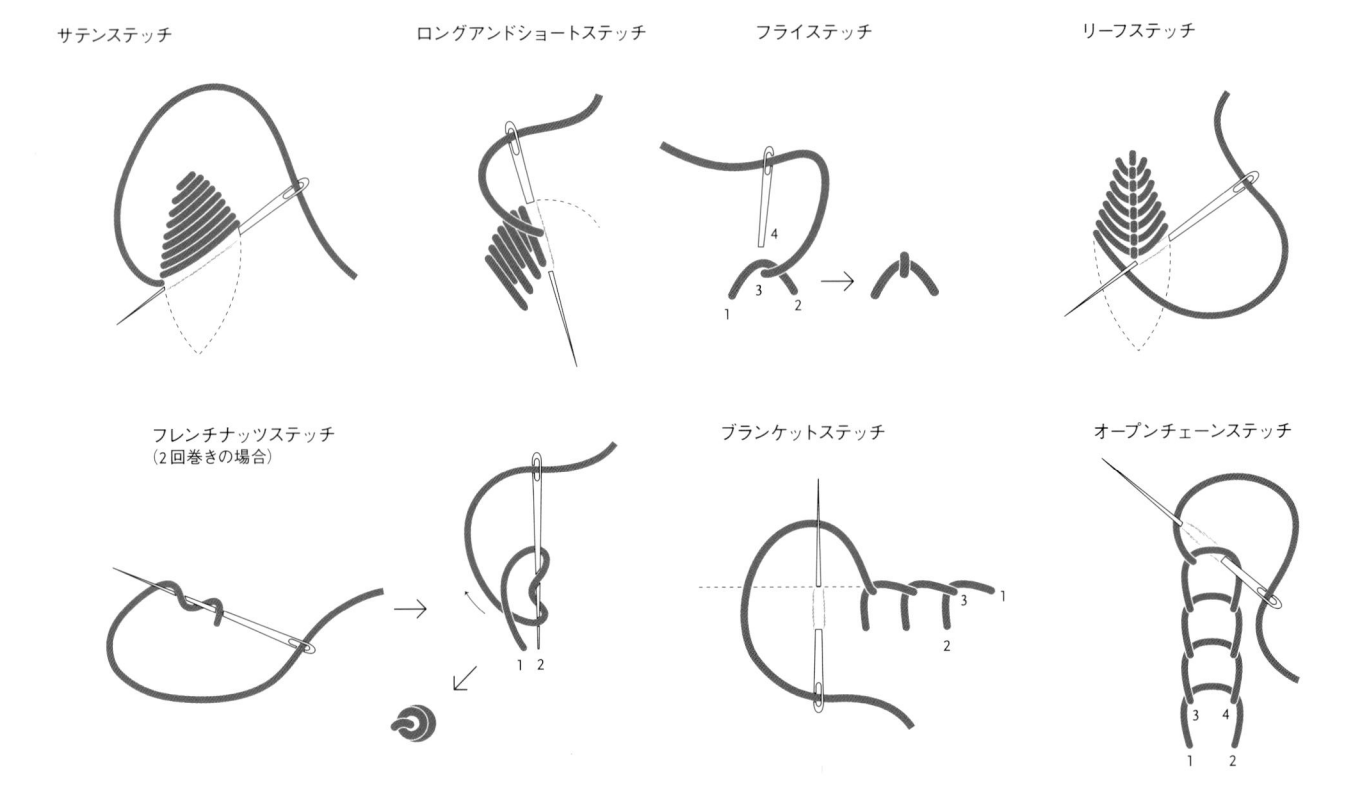

サテンステッチ　　　ロングアンドショートステッチ　　　フライステッチ　　　リーフステッチ

フレンチナッツステッチ
（2回巻きの場合）　　　　　　　　　　　　　　ブランケットステッチ　　　オープンチェーンステッチ

レゼーデージーステッチ

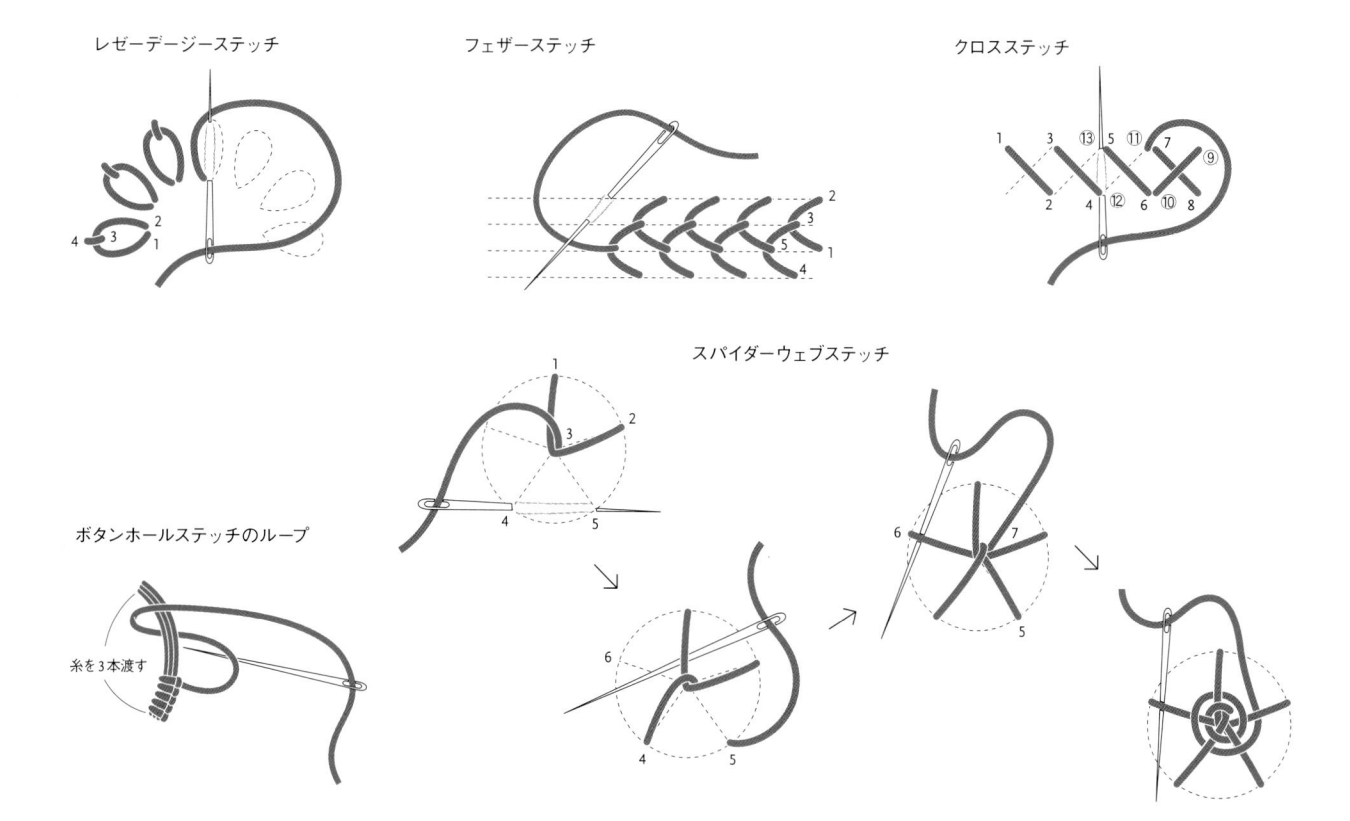

フェザーステッチ

クロスステッチ

ボタンホールステッチのループ

糸を3本渡す

スパイダーウェブステッチ

A
p.008

[材料]
アンカー刺しゅう糸／25番＝1014,1025,374,393,926,261,215
布地／リネン（白）45×35cm　接着芯／45×35cm

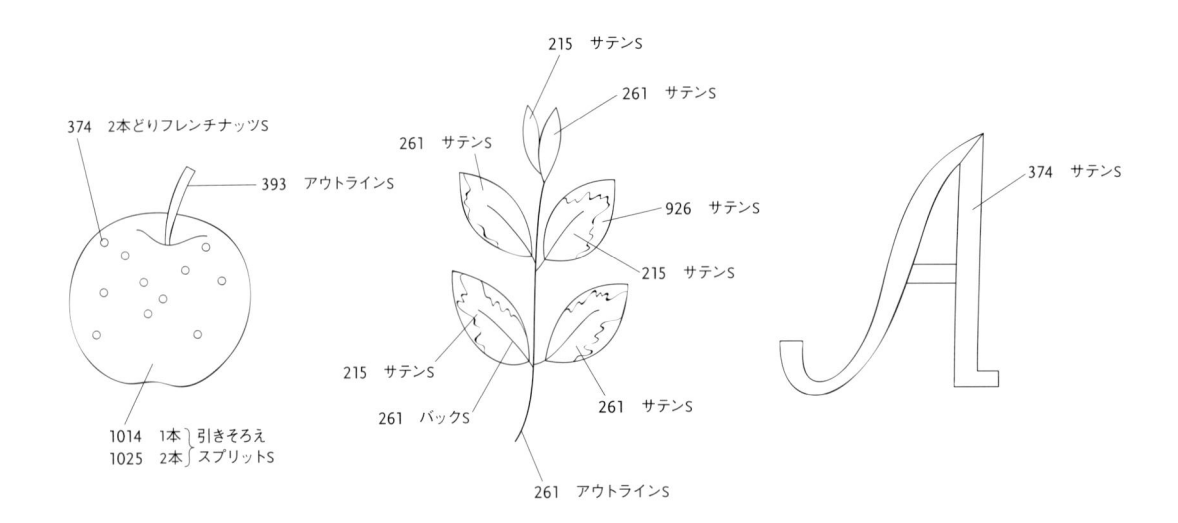

374　2本どりフレンチナッツS
393　アウトラインS
1014　1本　引きそろえ
1025　2本　スプリットS

215　サテンS
261　サテンS
261　サテンS
926　サテンS
215　サテンS
215　サテンS
261　バックS
261　サテンS
261　アウトラインS

374　サテンS

apple　apple mint　A

A
p.009

[材料]
アンカー刺しゅう糸／25番＝121,941,367,868,235,403
布地／リネン（白）45×35cm　接着芯／45×35cm

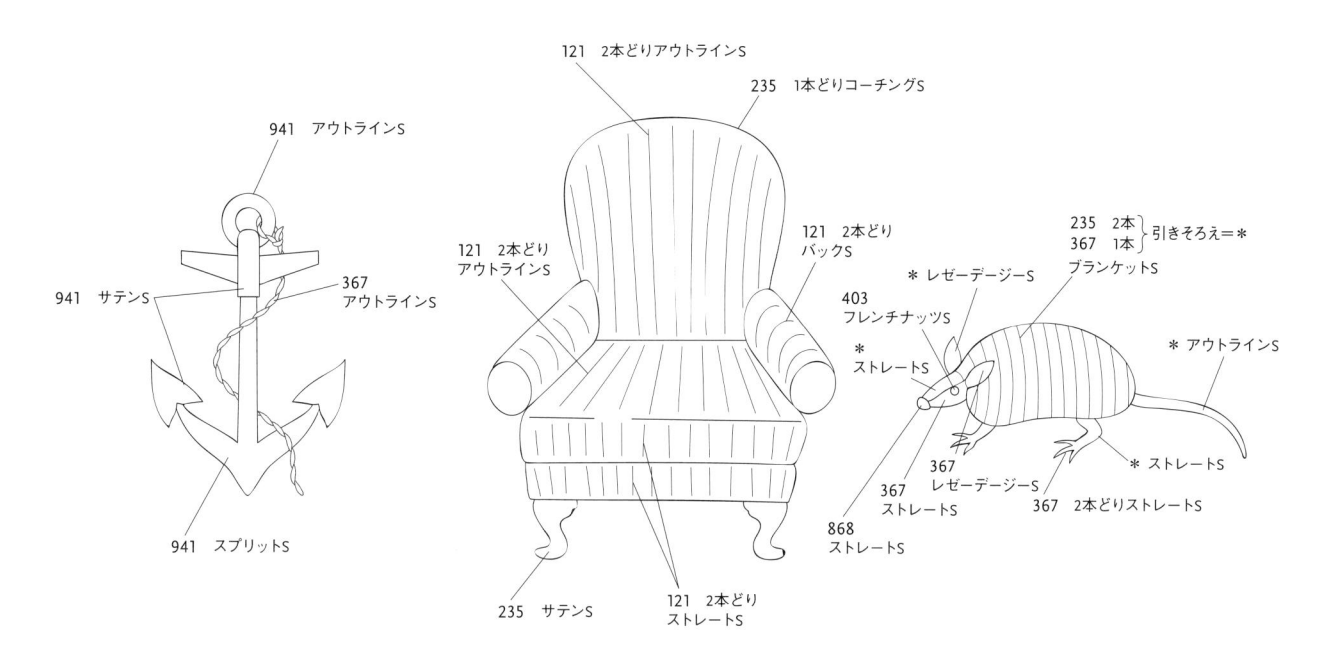

941　アウトラインS
941　サテンS
367　アウトラインS
941　スプリットS

121　2本どりアウトラインS
235　1本どりコーチングS
121　2本どりアウトラインS
121　2本どりバックS
235　サテンS
121　2本どりストレートS

235　2本　引きそろえ＝＊
367　1本　ブランケットS
＊　レゼーデージーS
403　フレンチナッツS
＊　ストレートS
＊　アウトラインS
367　レゼーデージーS
＊　ストレートS
868　ストレートS
367　ストレートS
367　2本どりストレートS

anchor　armchair　armadillo

075

B
p.010

[材料]
アンカー刺しゅう糸／25番＝236,1001,175,129　ミシン糸／60番（水色）
布地／リネン（白）45×35cm、（水色）4×8cm　接着芯／45×35cm　麻ひも／6cm

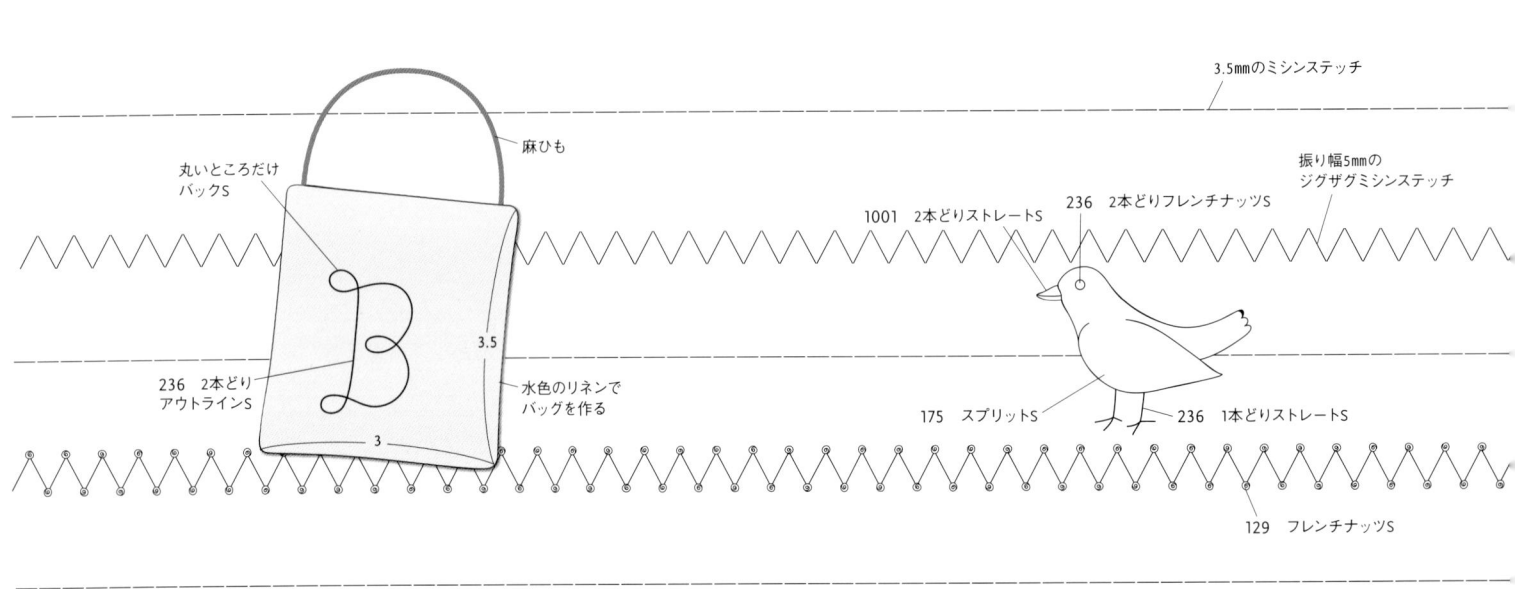

3.5mmのミシンステッチ

麻ひも

丸いところだけ
バックS

振り幅5mmの
ジグザグミシンステッチ

1001　2本どりストレートS　　236　2本どりフレンチナッツS

236　2本どり
アウトラインS

水色のリネンで
バッグを作る

3.5

3

175　スプリットS　　236　1本どりストレートS

129　フレンチナッツS

B　blue border　bean's bag　bird

B
p.011

[材料]
アンカー刺しゅう糸／25番＝236,121,129,175,373　ミシン糸／60番（水色）
布地／リネン（白）45×35cm　接着芯／45×35cm　ボタン（ラ・ドログリー）／直径1.2cmを1個

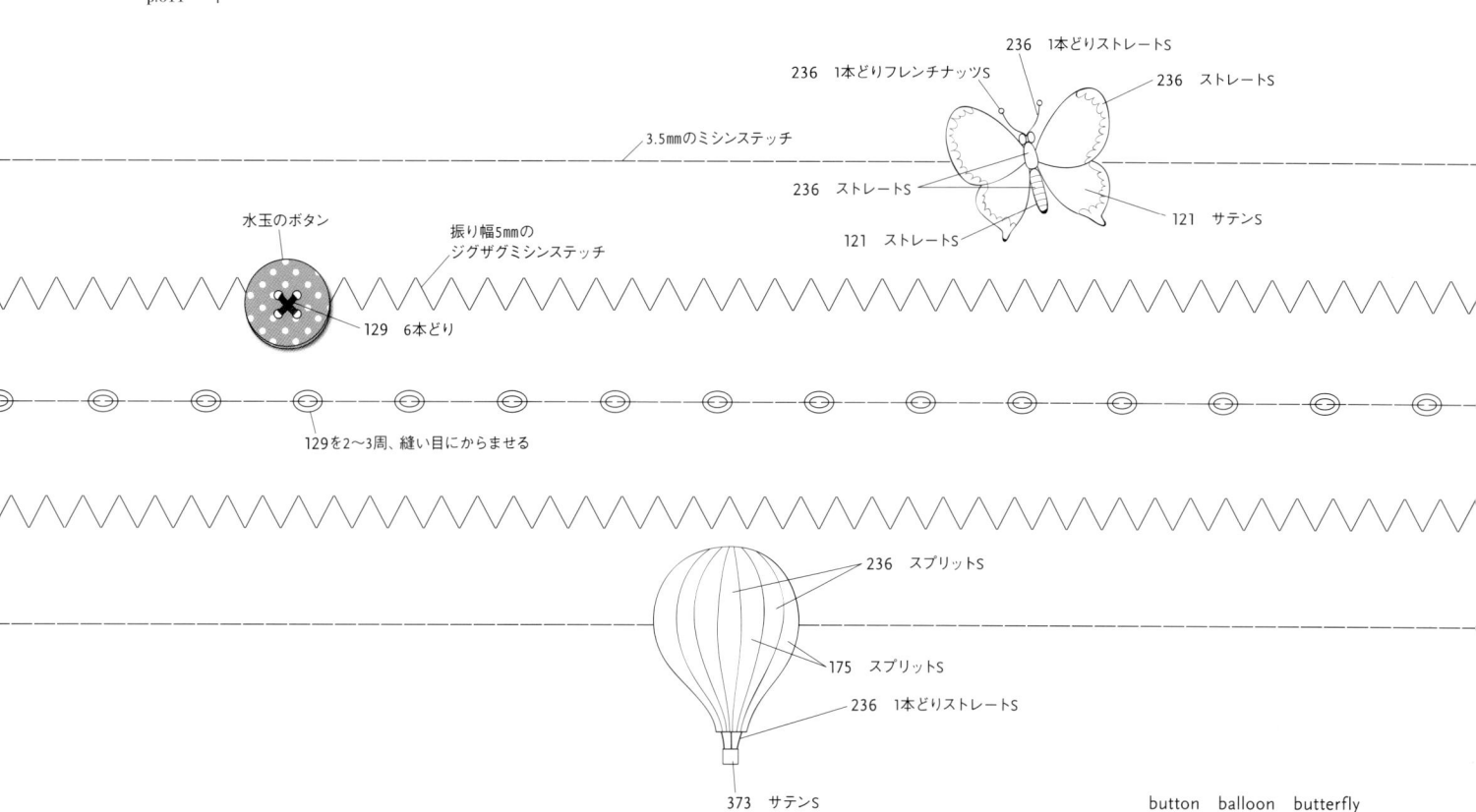

3.5mmのミシンステッチ

236　1本どりフレンチナッツS
236　1本どりストレートS
236　ストレートS
236　ストレートS
121　ストレートS
121　サテンS

水玉のボタン
振り幅5mmの
ジグザグミシンステッチ
129　6本どり

129を2～3周、縫い目にからませる

236　スプリットS
175　スプリットS
236　1本どりストレートS
373　サテンS

button　balloon　butterfly

077

C
p.012

[材料]
アンカー刺しゅう糸／25番＝926
布地／リネン（水色）適宜　接着芯／適宜

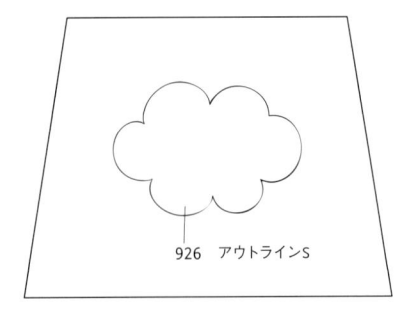

926　アウトラインS

アウトラインSは外側から刺し、
埋めていく

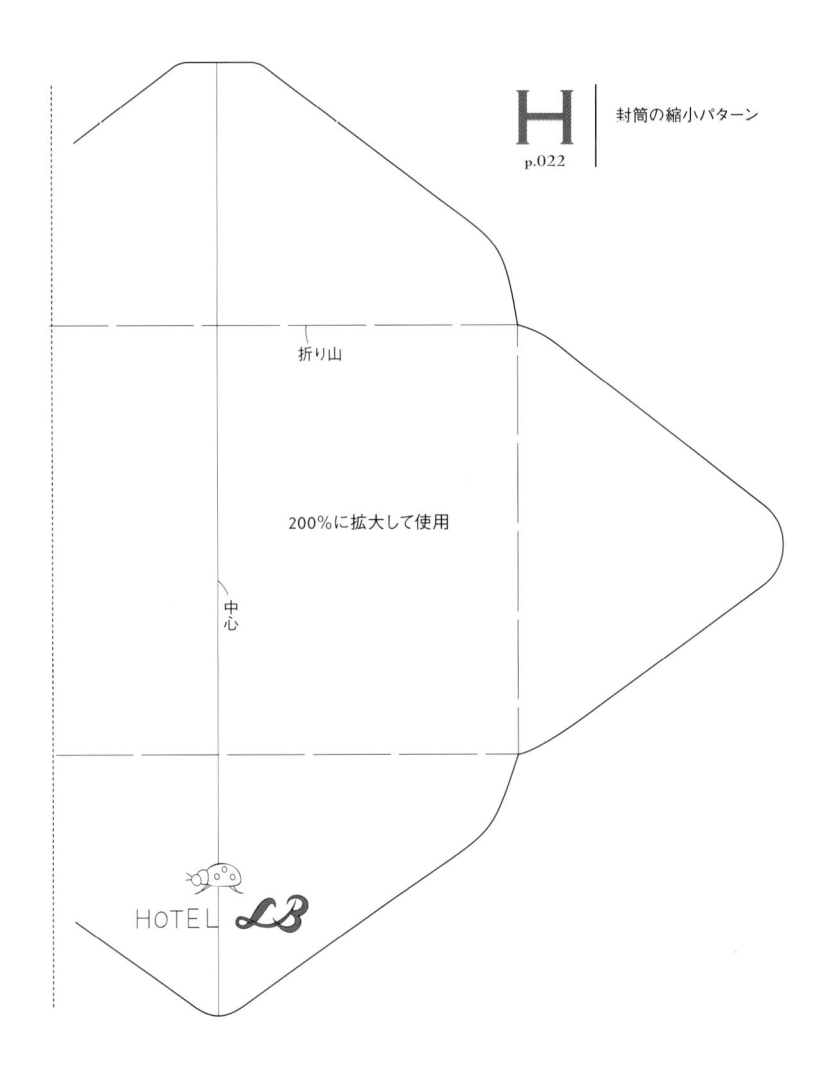

cloud's chair

078

H
p.022

封筒の縮小パターン

折り山

200％に拡大して使用

中心

HOTEL LB

C
p.013

[材料]
アンカー刺しゅう糸／25番＝830, 373, 832, 358, 1001, 1021, 66, 1025, 110, 1030, 266, 257, 401, 433
布地／リネン（白）45×35cm　接着芯／45×35cm

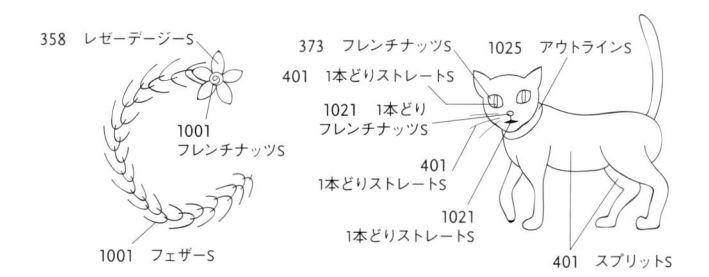

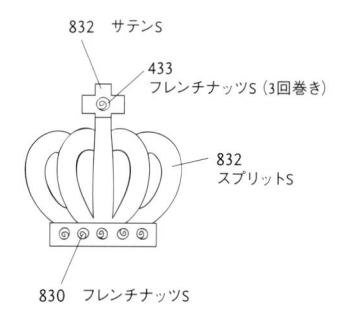

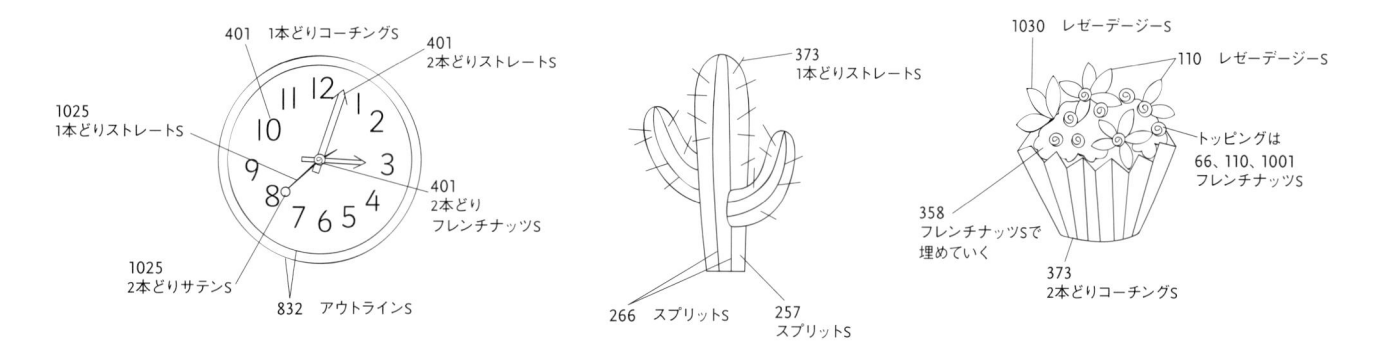

リース
- 358　レゼーデージーS
- 1001　フレンチナッツS
- 1001　フェザーS

猫
- 373　フレンチナッツS
- 1025　アウトラインS
- 401　1本どりストレートS
- 1021　1本どりフレンチナッツS
- 401　1本どりストレートS
- 1021　1本どりストレートS
- 401　スプリットS

王冠
- 832　サテンS
- 433　フレンチナッツS（3回巻き）
- 832　スプリットS
- 830　フレンチナッツS

時計
- 401　1本どりコーチングS
- 401　2本どりストレートS
- 1025　1本どりストレートS
- 401　2本どりフレンチナッツS
- 1025　2本どりサテンS
- 832　アウトラインS

サボテン
- 373　1本どりストレートS
- 266　スプリットS
- 257　スプリットS

カップケーキ
- 1030　レゼーデージーS
- 110　レゼーデージーS
- トッピングは 66、110、1001 フレンチナッツS
- 358　フレンチナッツSで埋めていく
- 373　2本どりコーチングS

C　cat　crown　clock　cactus　cupcake

D
p.014

[材料]
アンカー刺しゅう糸／25番＝1006,2,305,74,266,267,262
布地／リネン（ナチュラル）20×18cm　接着芯／20×18cm　刺しゅう枠／直径12cm　シルクピン／1本

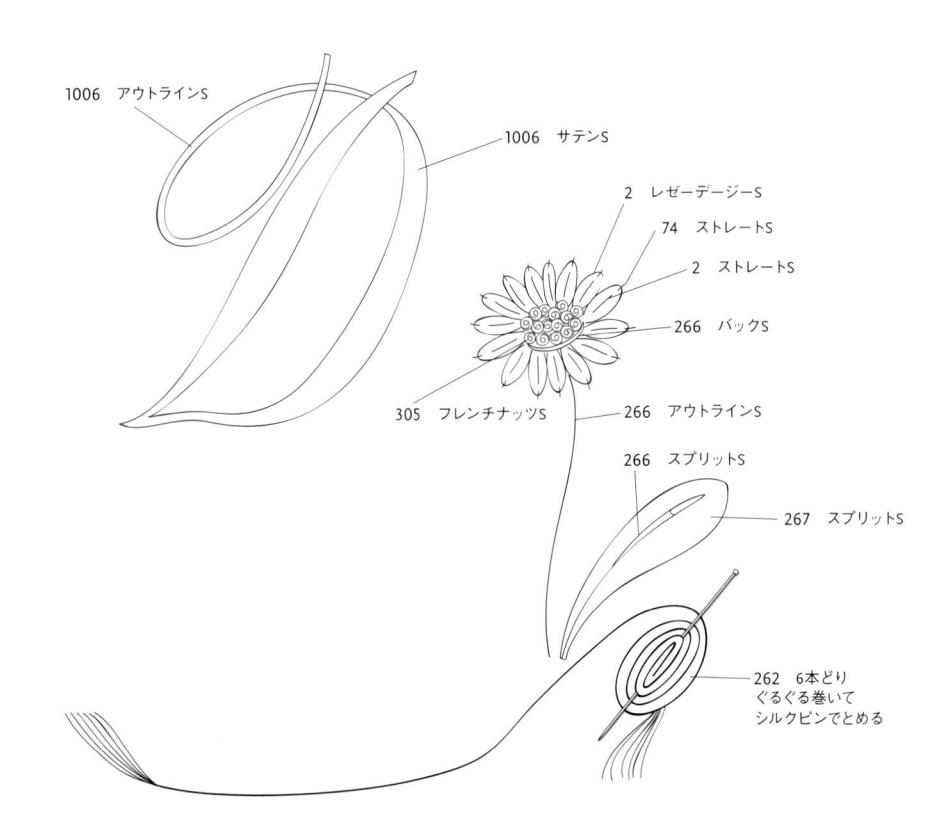

1006　アウトラインS

1006　サテンS

2　レゼーデージーS

74　ストレートS

2　ストレートS

266　バックS

305　フレンチナッツS

266　アウトラインS

266　スプリットS

267　スプリットS

262　6本どり
ぐるぐる巻いて
シルクピンでとめる

D　daisy

080

D
p.015

[材料]
アンカー刺しゅう糸／25番＝120,977,978,374,1086,926　銀糸／少々
布地／リネン（白）45×35cm　接着芯／45×35cm

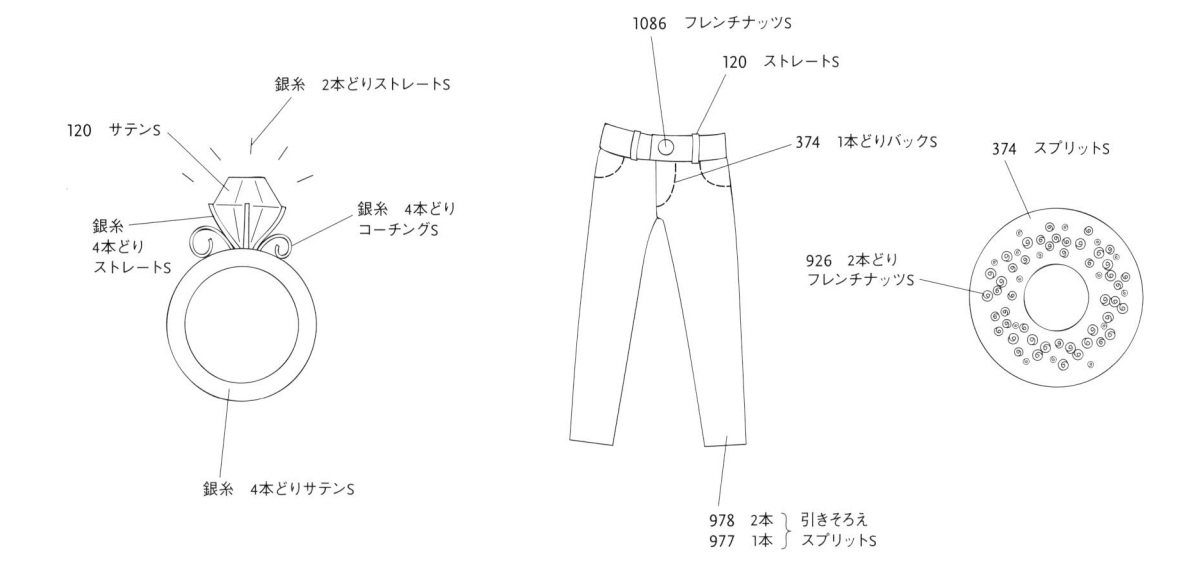

銀糸　2本どりストレートS

120　サテンS

銀糸　4本どりコーチングS

銀糸　4本どりストレートS

銀糸　4本どりサテンS

1086　フレンチナッツS
120　ストレートS
374　1本どりバックS
926　2本どりフレンチナッツS
978　2本 ⎫ 引きそろえ
977　1本 ⎭ スプリットS

374　スプリットS

diamond　denim　doughnut

E p.016

[材料]
アンカー刺しゅう糸／25番＝1048
布地／厚手リネン（ナチュラル）50×22.5cm　接着芯／50×22.5cm　革ひも／幅0.3cmを53cm

作り方

（　）内の数字は実物作品のサイズ

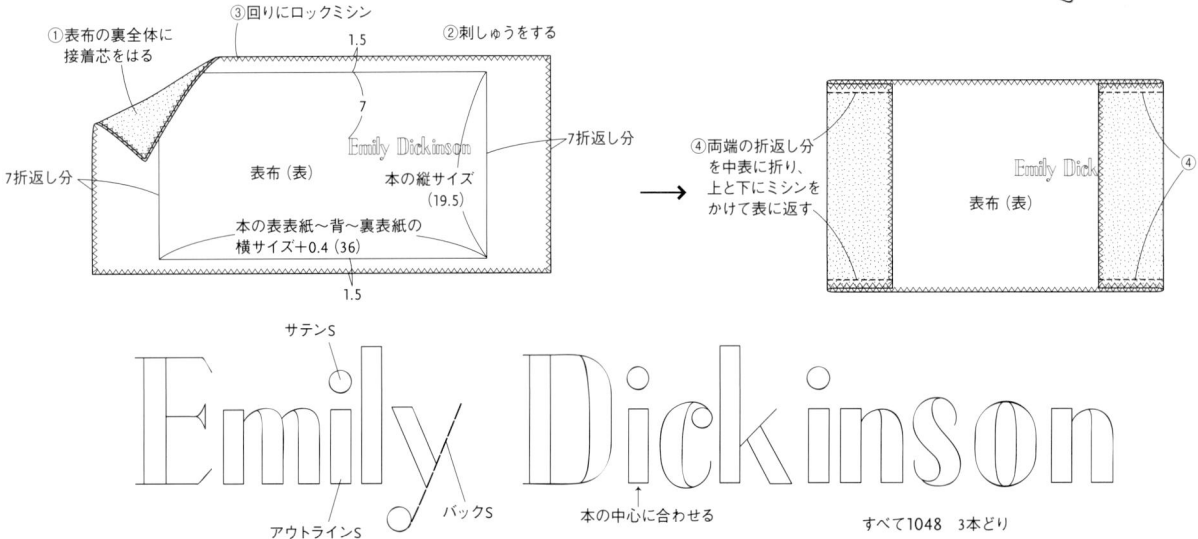

①表布の裏全体に接着芯をはる
②刺しゅうをする
③回りにロックミシン
④両端の折返し分を中表に折り、上と下にミシンをかけて表に返す

1.5
7
7折返し分
表布（表）
本の縦サイズ（19.5）
本の表表紙〜背〜裏表紙の横サイズ+0.4（36）
1.5

サテンS
アウトラインS
バックS
本の中心に合わせる

すべて1048　3本どり

E　Emily Dickinson

E
p.017

［材料］アンカー刺しゅう糸／25番＝255,257, 306,275,236　布地／リネン（白）45×35cm　接着芯／45×35cm

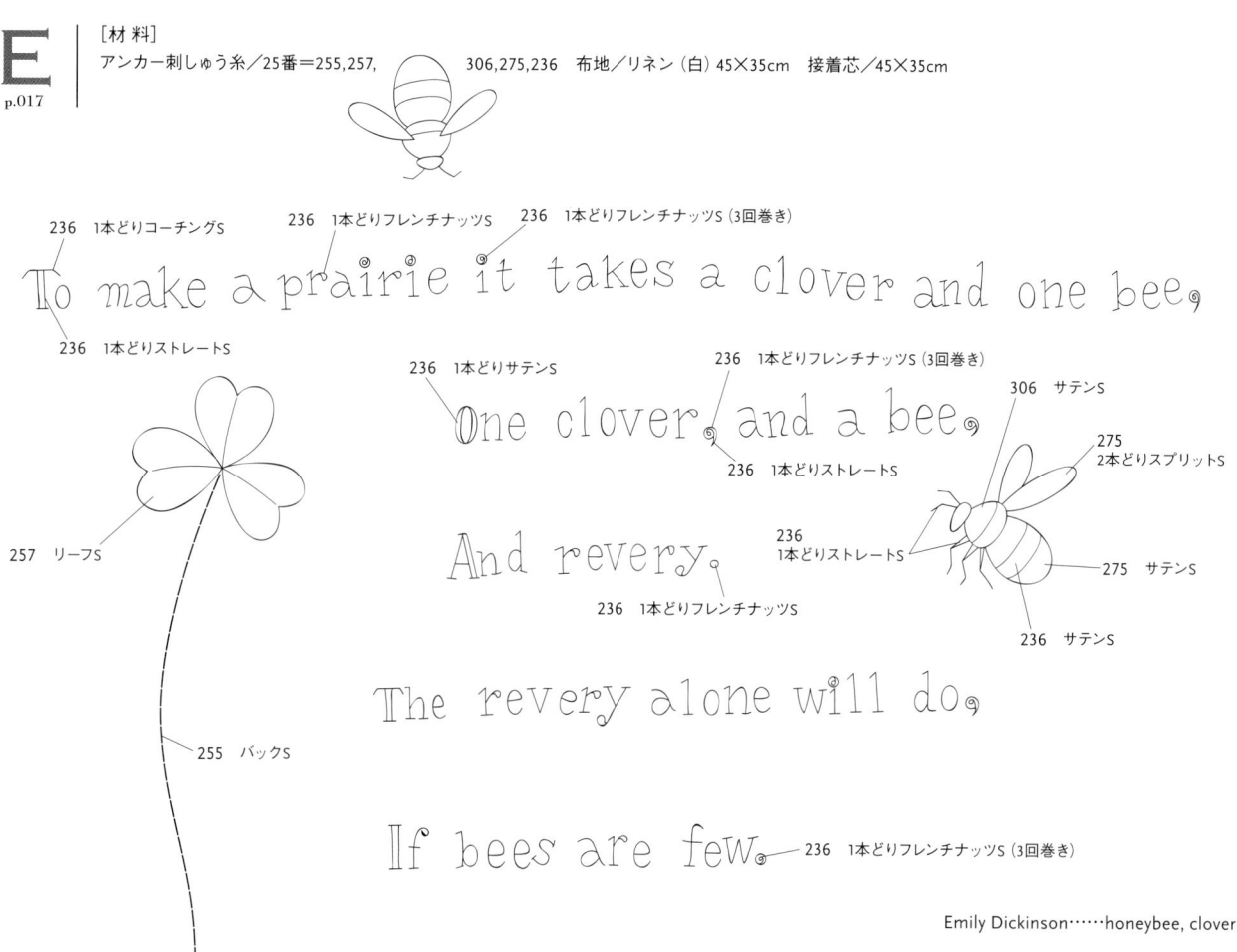

236　1本どりコーチングS
236　1本どりフレンチナッツS
236　1本どりフレンチナッツS (3回巻き)

To make a prairie it takes a clover and one bee,

236　1本どりストレートS
236　1本どりサテンS
236　1本どりフレンチナッツS (3回巻き)
306　サテンS
275　2本どりスプリットS

One clover, and a bee,

236　1本どりストレートS
236　1本どりストレートS
275　サテンS

And revery.

257　リーフS
236　1本どりフレンチナッツS
236　サテンS

The revery alone will do,

255　バックS

If bees are few.　236　1本どりフレンチナッツS (3回巻き)

Emily Dickinson……honeybee, clover

083

F

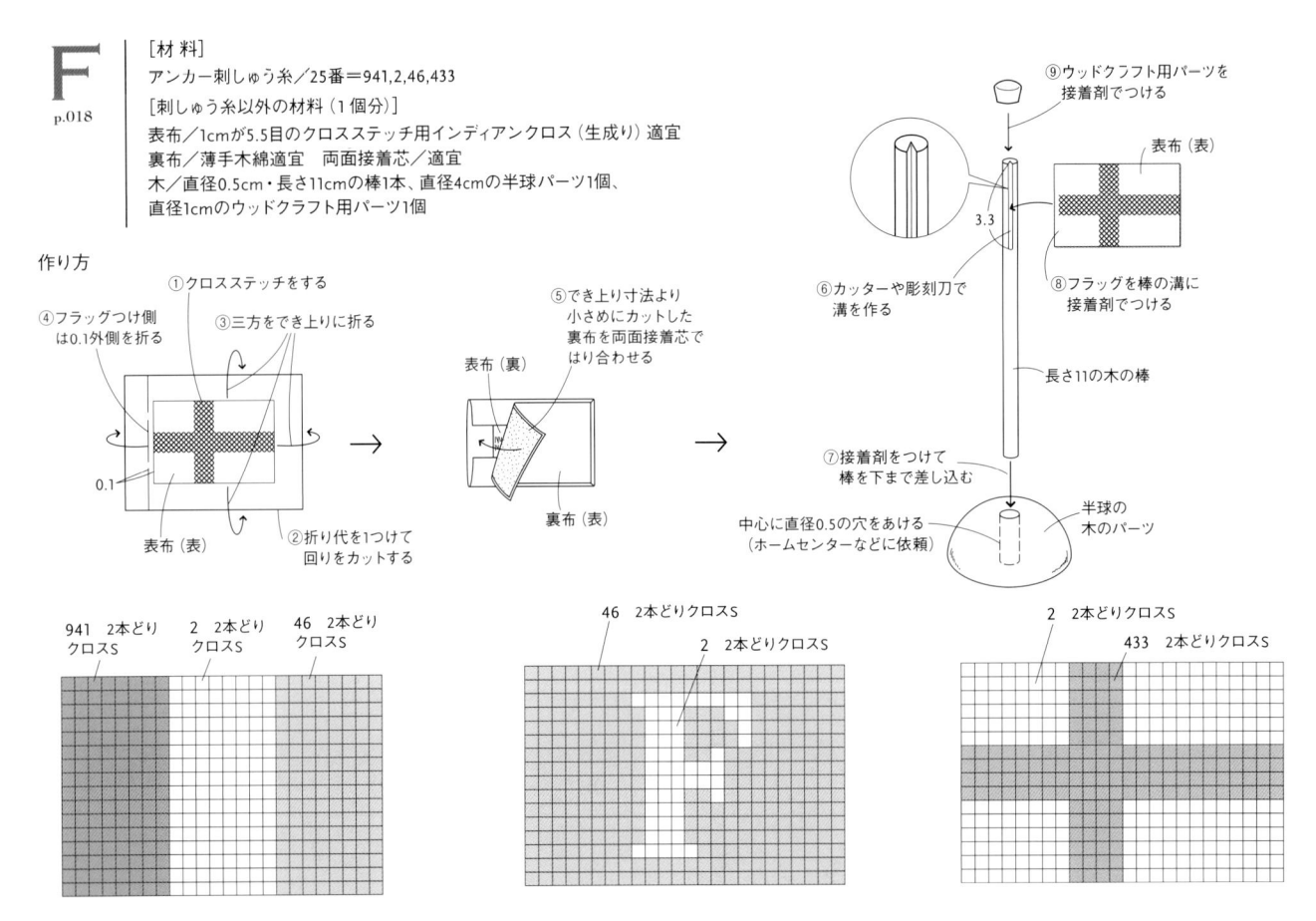

p.018

[材料]
アンカー刺しゅう糸／25番＝941,2,46,433
[刺しゅう糸以外の材料（1個分）]
表布／1cmが5.5目のクロスステッチ用インディアンクロス（生成り）適宜
裏布／薄手木綿適宜　両面接着芯／適宜
木／直径0.5cm・長さ11cmの棒1本、直径4cmの半球パーツ1個、
直径1cmのウッドクラフト用パーツ1個

作り方

① クロスステッチをする
② 折り代を1つけて回りをカットする
③ 三方をでき上りに折る
④ フラッグつけ側は0.1外側を折る
　0.1
　表布（表）

⑤ でき上り寸法より小さめにカットした裏布を両面接着芯ではり合わせる
　表布（裏）
　裏布（表）

⑥ カッターや彫刻刀で溝を作る
⑦ 接着剤をつけて棒を下まで差し込む
⑧ フラッグを棒の溝に接着剤でつける
⑨ ウッドクラフト用パーツを接着剤でつける
　3.3
　表布（表）
　長さ11の木の棒
　中心に直径0.5の穴をあける（ホームセンターなどに依頼）
　半球の木のパーツ

941　2本どりクロスS
2　2本どりクロスS
46　2本どりクロスS

46　2本どりクロスS
2　2本どりクロスS

2　2本どりクロスS
433　2本どりクロスS

flag　France　F　Finland

F

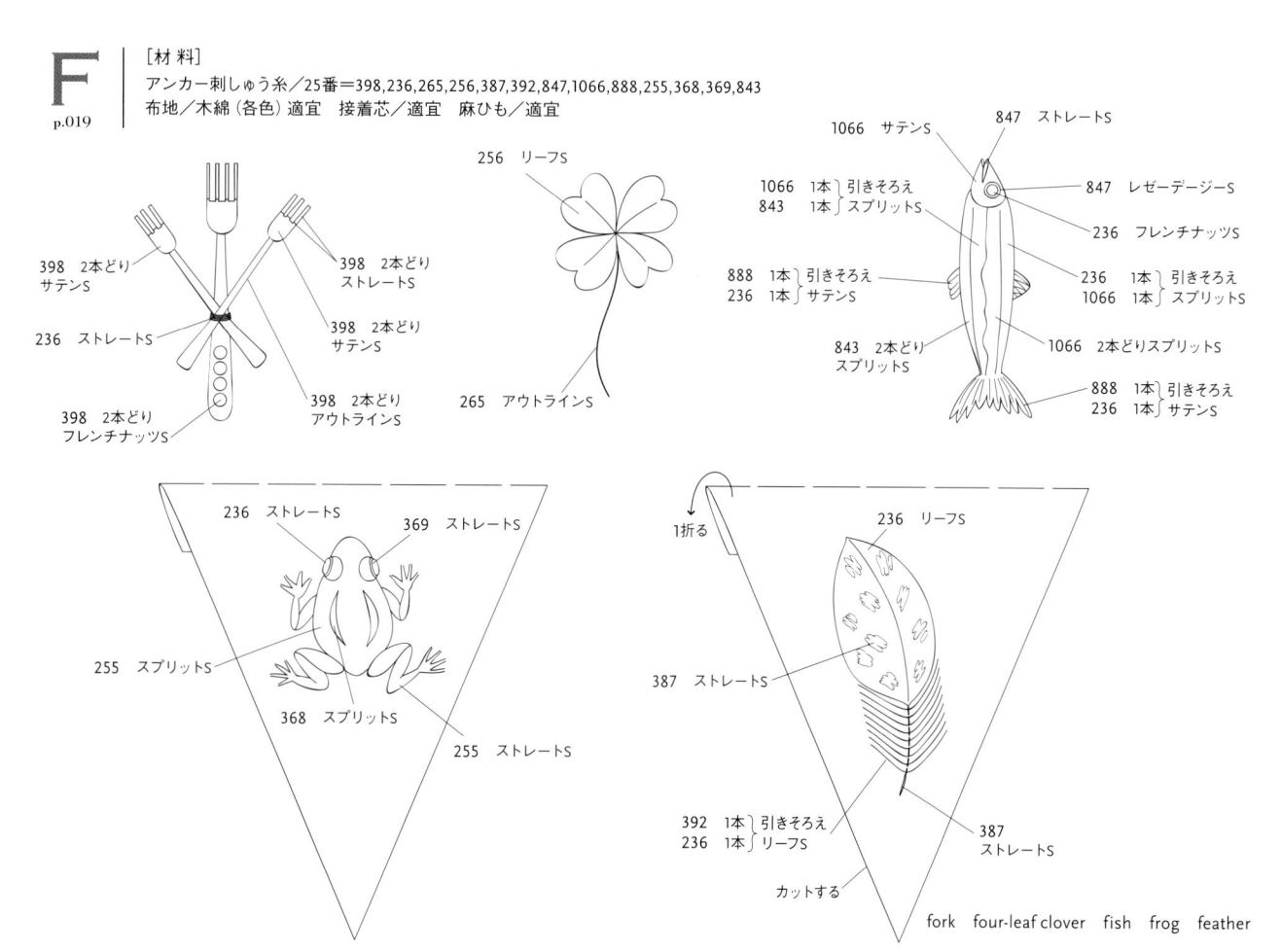

p.019

[材料]
アンカー刺しゅう糸／25番＝398,236,265,256,387,392,847,1066,888,255,368,369,843
布地／木綿（各色）適宜　接着芯／適宜　麻ひも／適宜

- 398　2本どり　サテンS
- 236　ストレートS
- 398　2本どり　フレンチナッツS
- 398　2本どり　ストレートS
- 398　2本どり　サテンS
- 398　2本どり　アウトラインS

- 256　リーフS
- 265　アウトラインS

- 1066　サテンS
- 847　ストレートS
- 1066　1本　引きそろえ
- 843　1本　スプリットS
- 847　レゼーデージーS
- 236　フレンチナッツS
- 888　1本　引きそろえ
- 236　1本　サテンS
- 236　1本　引きそろえ
- 1066　1本　スプリットS
- 843　2本どり　スプリットS
- 1066　2本どりスプリットS
- 888　1本　引きそろえ
- 236　1本　サテンS

- 236　ストレートS
- 369　ストレートS
- 255　スプリットS
- 368　スプリットS
- 255　ストレートS

- 1 折る
- 236　リーフS
- 387　ストレートS
- 392　1本　引きそろえ
- 236　1本　リーフS
- 387　ストレートS
- カットする

fork　four-leaf clover　fish　frog　feather

G p.020

[材料]
アンカー刺しゅう糸／25番＝926,257,256　5番＝926
布地／リネン（白）45×35cm、ポリエステルチュール（グリーン）適宜　接着芯／45×35cm

926　5番を
25番1本どりでコーチングS

チュール

257　2本どりストレートS

256　2本どりストレートS

[ポイント]
チュールを布地の上に置き、濃いグリーン（256）の草を全体に
刺しゅうしてから、明るいグリーン（257）を刺しゅうする

G　green grass

G
p.021

[材料]
アンカー刺しゅう糸／25番＝372,890,268,13,399,235　5番＝235
布地／リネン（白）45×35cm　接着芯／45×35cm

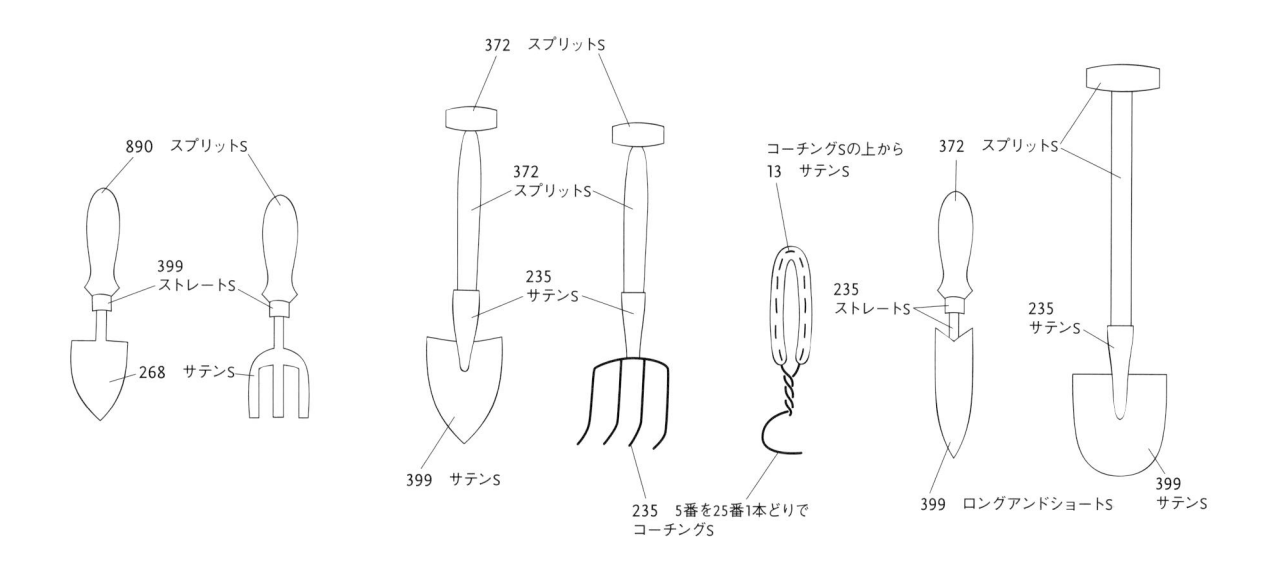

890　スプリットS
399　ストレートS
268　サテンS

372　スプリットS
372　スプリットS
235　サテンS
399　サテンS

コーチングSの上から
13　サテンS
235　5番を25番1本どりで
コーチングS

372　スプリットS
235　ストレートS
399　ロングアンドショートS

372　スプリットS
235　サテンS
399　サテンS

garden goods

H
p.022

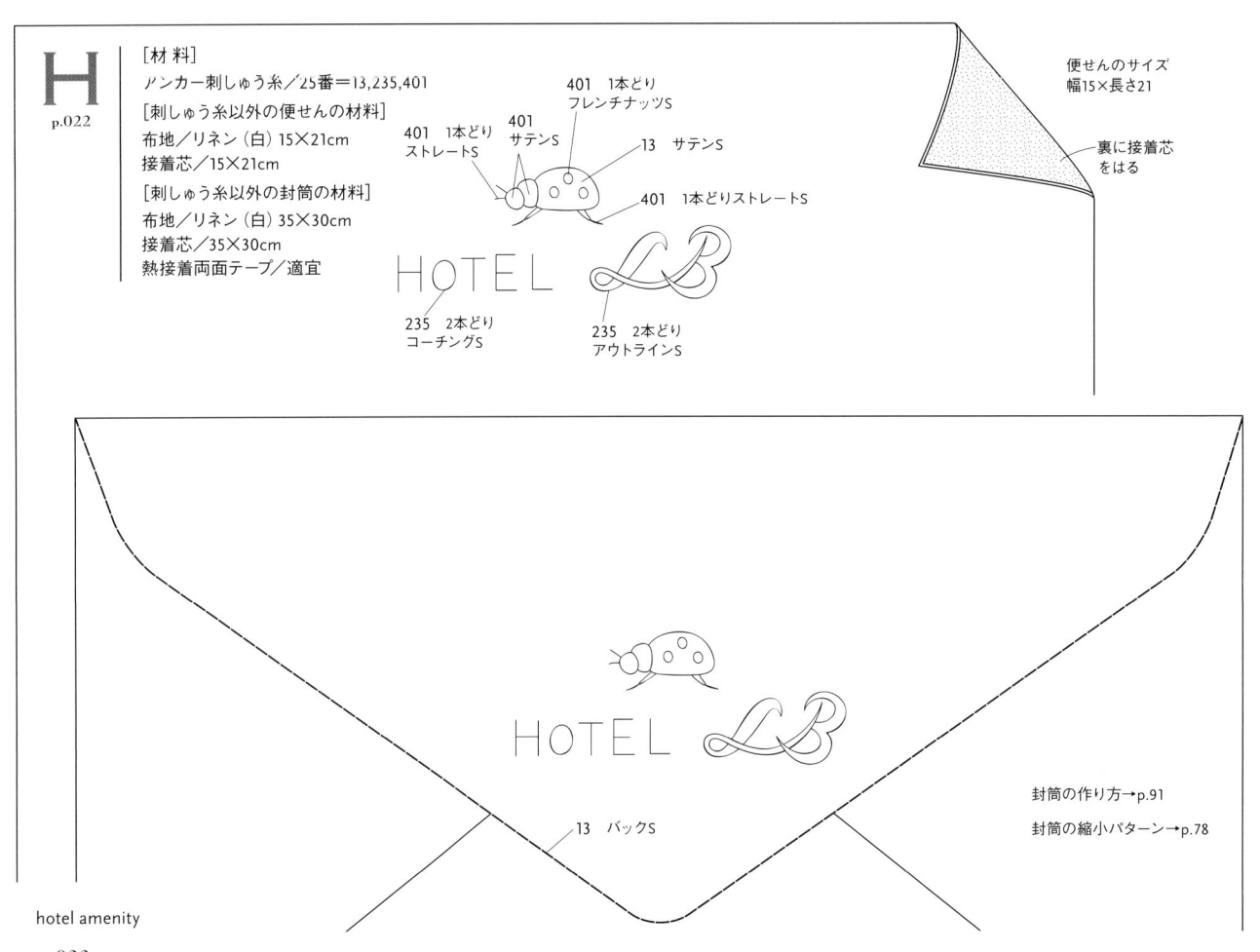

[材料]
ノンカー刺しゅう糸／25番＝13, 235, 401

[刺しゅう糸以外の便せんの材料]
布地／リネン（白）15×21cm
接着芯／15×21cm

[刺しゅう糸以外の封筒の材料]
布地／リネン（白）35×30cm
接着芯／35×30cm
熱接着両面テープ／適宜

401　1本どり　フレンチナッツS
401　1本どり　ストレートS
401　サテンS
13　サテンS
401　1本どりストレートS
235　2本どり　コーチングS
235　2本どり　アウトラインS

便せんのサイズ
幅15×長さ21
裏に接着芯をはる

13　バックS

封筒の作り方→p.91
封筒の縮小パターン→p.78

hotel amenity

H
p.023

[材料]
アンカー刺しゅう糸／25番＝175,176,109,97,843,262,399,372,373
MOKUBA刺しゅう用リボン／No.1541（幅4mm）＝468
布地／リネン（白）45×35cm　接着芯／45×35cm

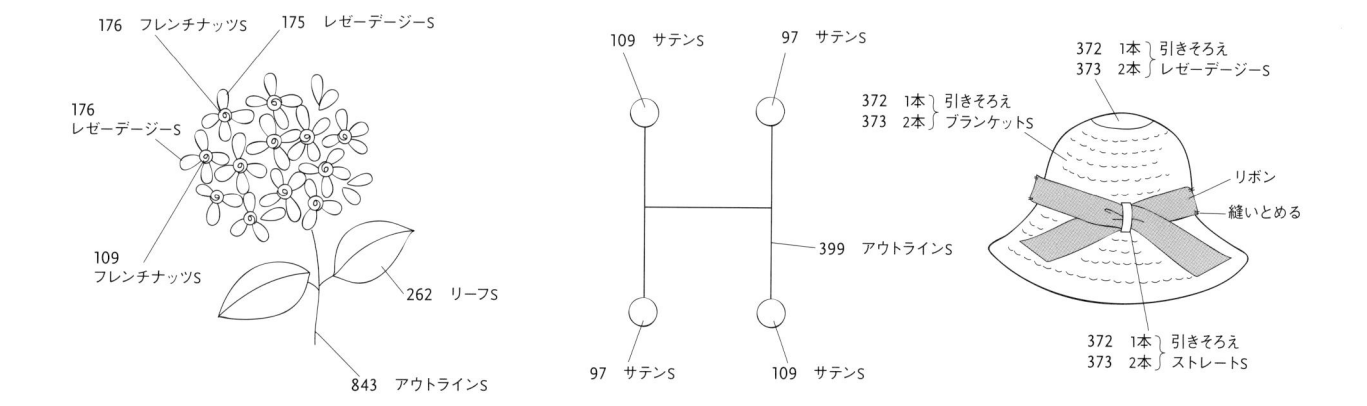

176　フレンチナッツS
175　レゼーデージーS
176　レゼーデージーS
109　フレンチナッツS
262　リーフS
843　アウトラインS

109　サテンS
97　サテンS
399　アウトラインS
97　サテンS
109　サテンS

372　1本 ┐引きそろえ
373　2本 ┘レゼーデージーS

372　1本 ┐引きそろえ
373　2本 ┘ブランケットS

リボン
縫いとめる

372　1本 ┐引きそろえ
373　2本 ┘ストレートS

hydrangea　H　hat

I p.024

[材料]
アンカー刺しゅう糸／25番＝940
布地／リネン（白）45×35cm　接着芯／45×35cm

バックS　アウトラインS

すべて940　2本どり

initial A to Z

I p.025

[材料]
アンカー刺しゅう糸／25番＝941　テープ／リネン（ナチュラル）幅2.6cm適宜

＊ *BJ* ＊ *MJ* ＊ *OJ* ＊

ストレートS　バックS　アウトラインS　すべて941　2本どり

initial tape

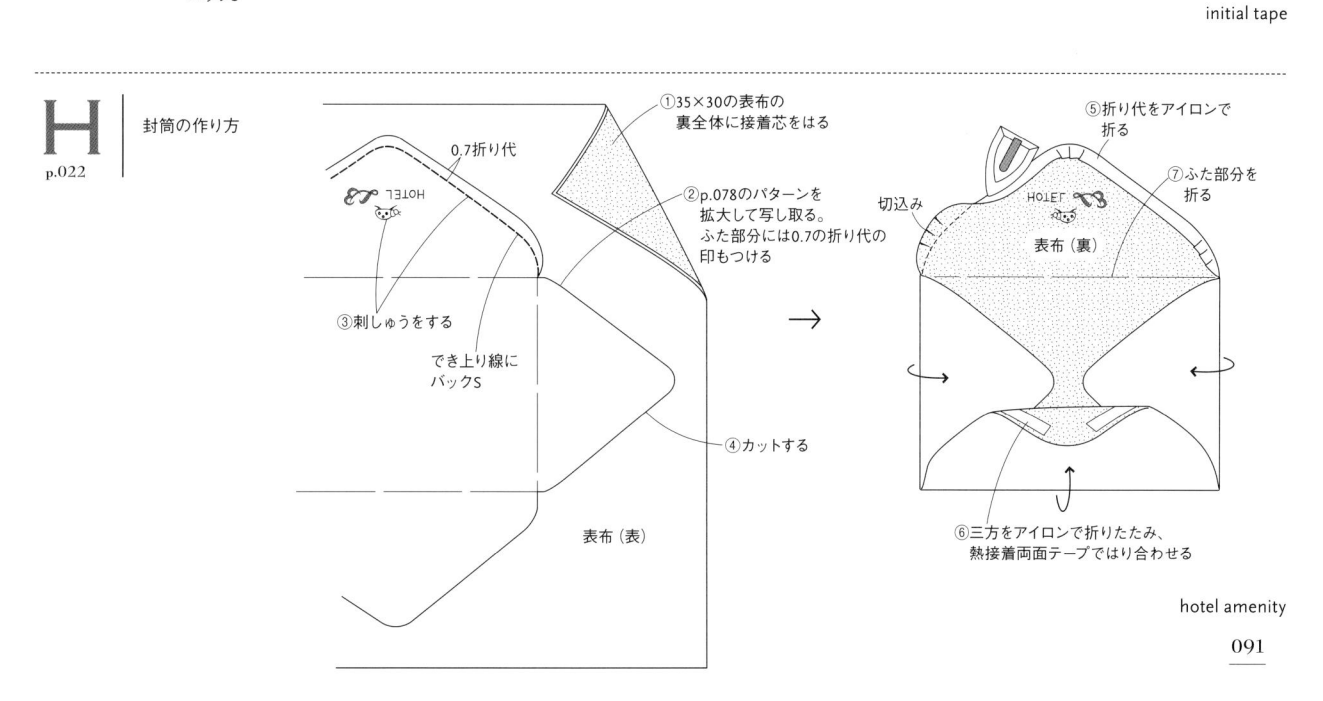

H p.022 　封筒の作り方

0.7折り代

① 35×30の表布の裏全体に接着芯をはる

② p.078のパターンを拡大して写し取る。ふた部分には0.7の折り代の印もつける

③ 刺しゅうをする

でき上り線にバックS

④ カットする

表布（表）

→

⑤ 折り代をアイロンで折る

切込み

⑦ ふた部分を折る

表布（裏）

⑥ 三方をアイロンで折りたたみ、熱接着両面テープではり合わせる

hotel amenity

J

p.026

[材料]
アンカー刺しゅう糸／25番＝1349（マルチカラー）, 926, 215, 175, 261, 400, 683, 393, 1305（マルチカラー）, 1002　＊マルチカラー＝段染めの糸
布地／リネン（白）適宜　接着芯／適宜

[ポイント]
刺しゅうが終わってから外側のでき上り線でカットする

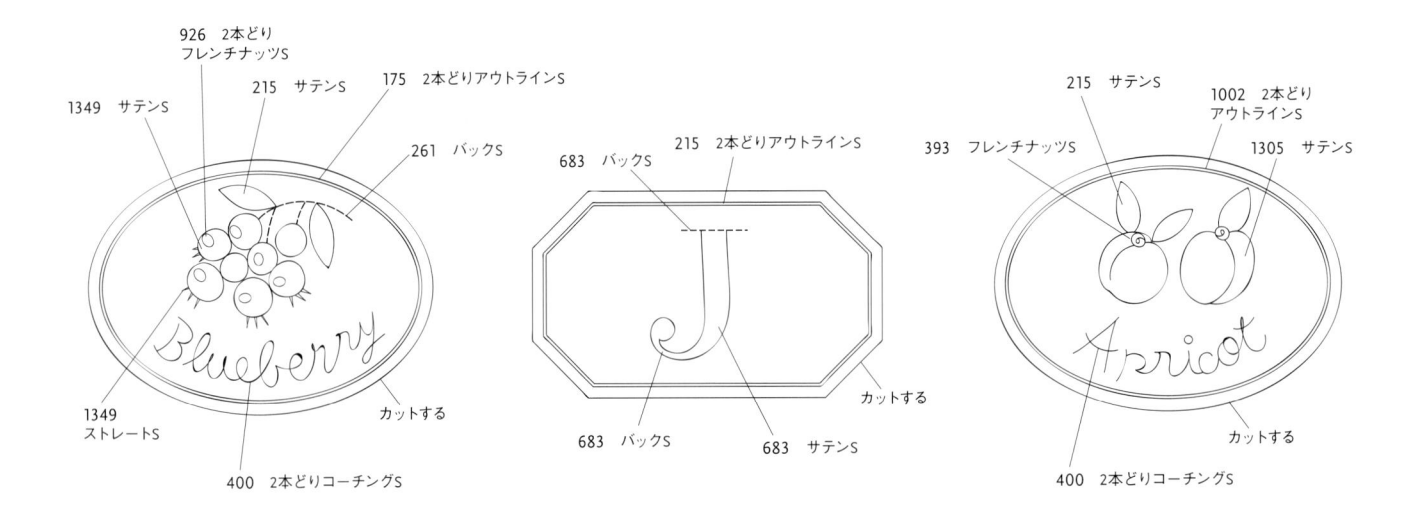

左図（Blueberry）
- 1349　サテンS
- 926　2本どり フレンチナッツS
- 215　サテンS
- 175　2本どりアウトラインS
- 261　バックS
- 1349　ストレートS
- 400　2本どりコーチングS
- カットする

中央図（J）
- 683　バックS
- 215　2本どりアウトラインS
- 683　バックS
- 683　サテンS
- カットする

右図（Apricot）
- 215　サテンS
- 1002　2本どりアウトラインS
- 393　フレンチナッツS
- 1305　サテンS
- 400　2本どりコーチングS
- カットする

jars of jam　J

J
p.027

[材料]
アンカー刺しゅう糸／25番＝1349（マルチカラー）,926,175,309,261,215,399,400,393,1305（マルチカラー）,1002　＊マルチカラー＝段染めの糸
布地／リネン（白）45×35cm　接着芯／45×35cm

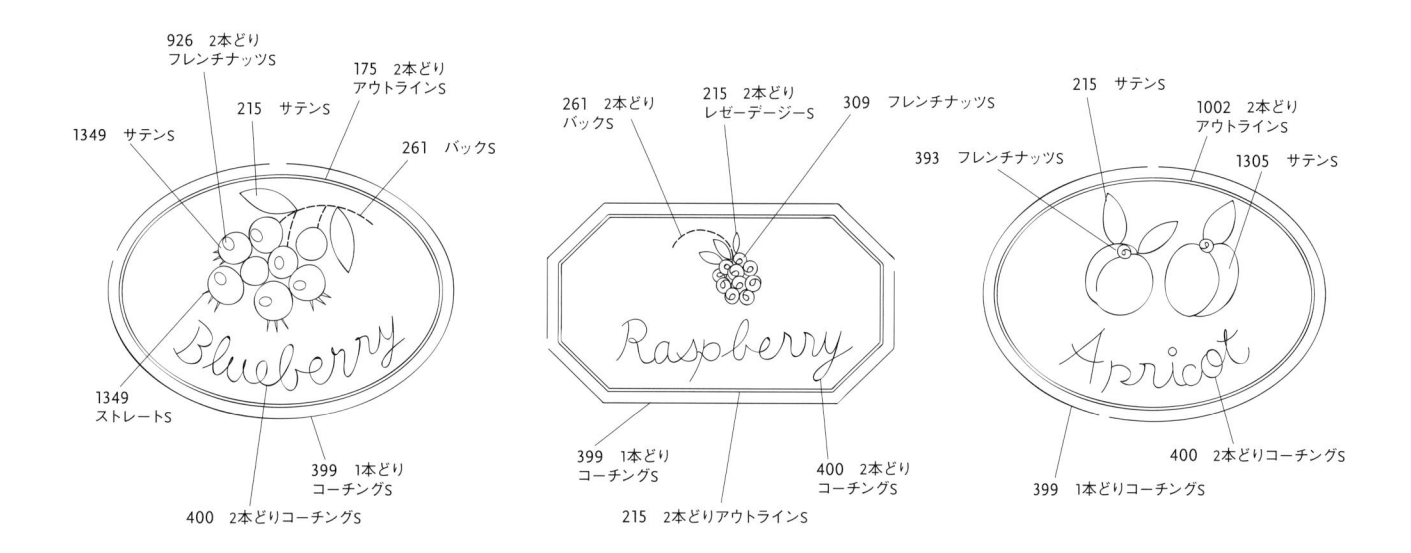

Blueberry
- 1349　サテンS
- 926　2本どり　フレンチナッツS
- 215　サテンS
- 175　2本どり　アウトラインS
- 261　バックS
- 1349　ストレートS
- 399　1本どり　コーチングS
- 400　2本どり　コーチングS

Raspberry
- 261　2本どり　バックS
- 215　2本どり　レゼーデージーS
- 309　フレンチナッツS
- 399　1本どり　コーチングS
- 215　2本どり　アウトラインS
- 400　2本どり　コーチングS

Apricot
- 215　サテンS
- 1002　2本どり　アウトラインS
- 393　フレンチナッツS
- 1305　サテンS
- 399　1本どり　コーチングS
- 400　2本どり　コーチングS

jam……blueberry jam, raspberry jam, apricot jam

K
p.028

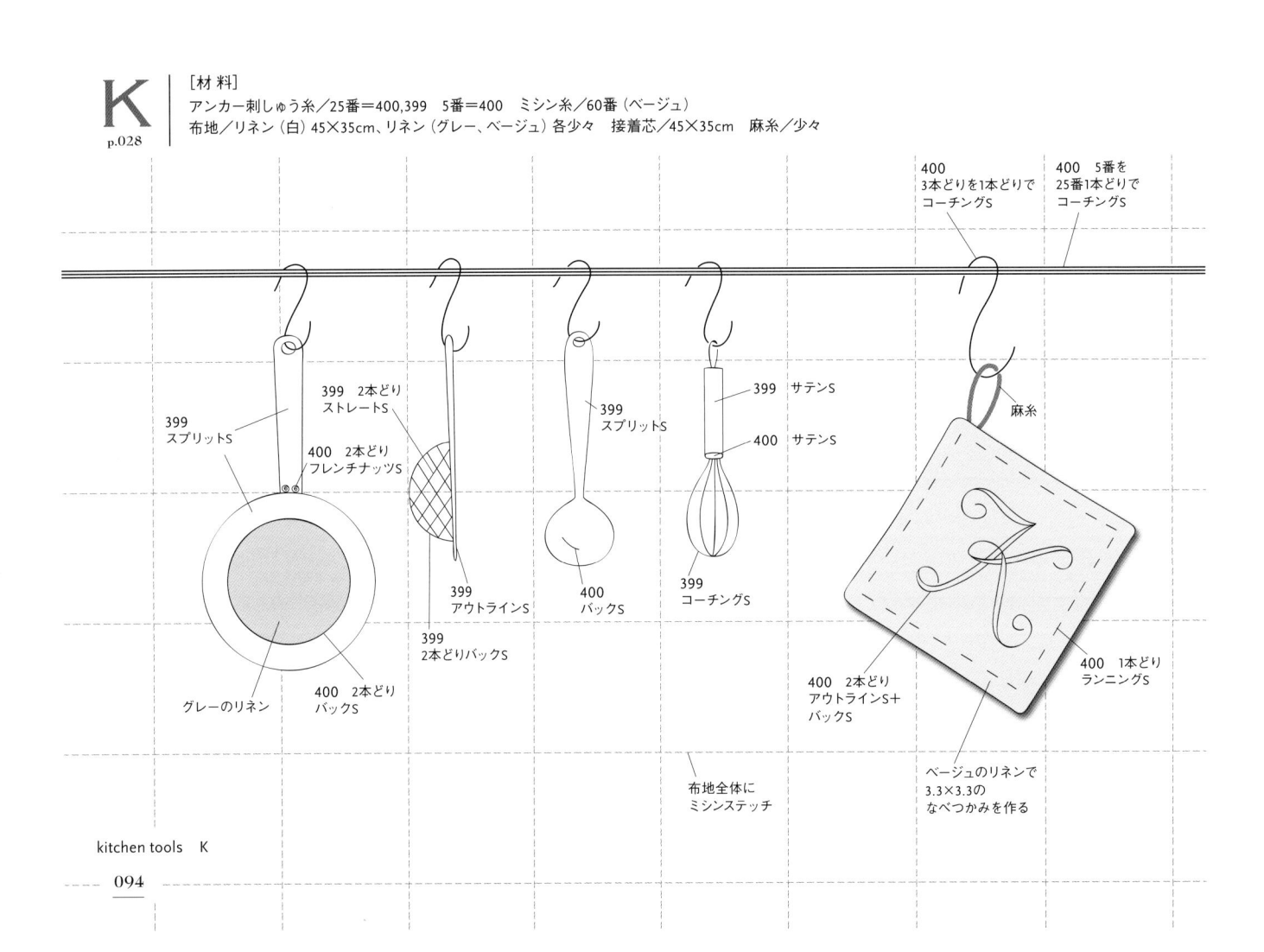

[材料]
アンカー刺しゅう糸／25番＝400,399　5番＝400　ミシン糸／60番（ベージュ）
布地／リネン（白）45×35cm、リネン（グレー、ベージュ）各少々　接着芯／45×35cm　麻糸／少々

400
3本どりを1本どりで
コーチングS

400　5番を
25番1本どりで
コーチングS

399
スプリットS

399　2本どり
ストレートS

400　2本どり
フレンチナッツS

399
スプリットS

399　サテンS

400　サテンS

麻糸

399
アウトラインS

399
2本どりバックS

400　バックS

399
コーチングS

400　1本どり
ランニングS

グレーのリネン

400　2本どり
バックS

布地全体に
ミシンステッチ

400　2本どり
アウトラインS＋
バックS

ベージュのリネンで
3.3×3.3の
なべつかみを作る

kitchen tools　K

K
p.029

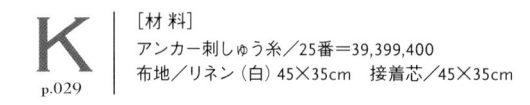

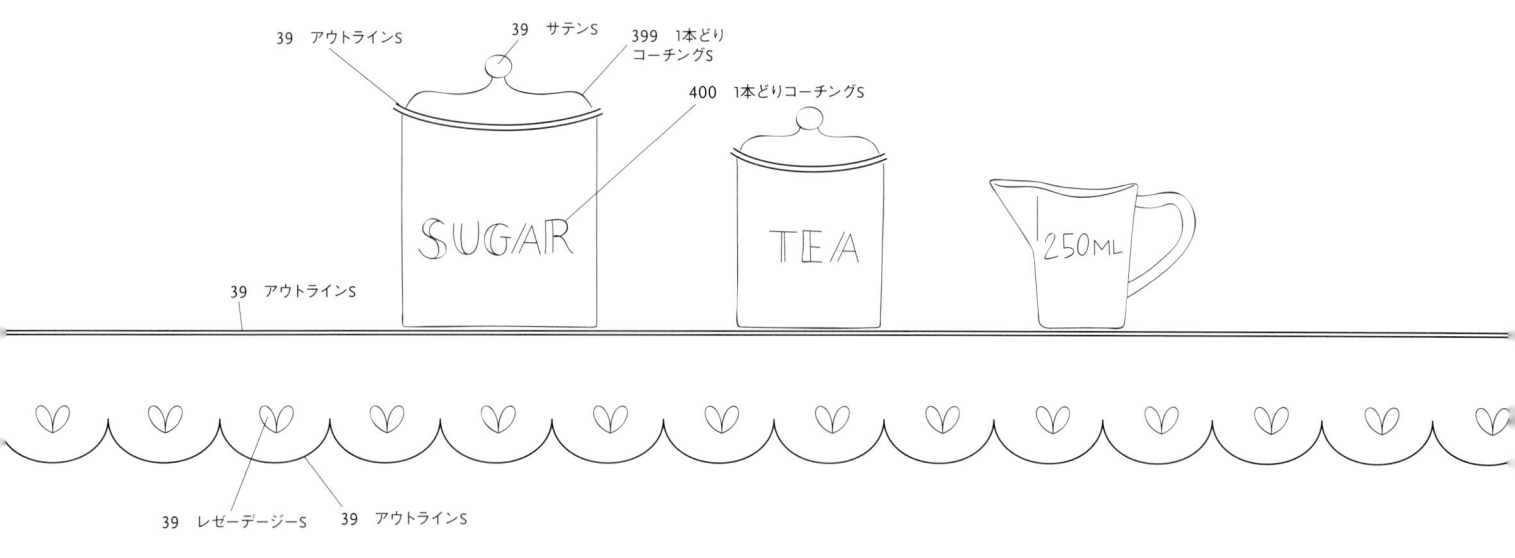

[材料]
アンカー刺しゅう糸／25番＝39,399,400
布地／リネン（白）45×35cm　接着芯／45×35cm

39　アウトラインS
39　サテンS
399　1本どりコーチングS
400　1本どりコーチングS
39　アウトラインS
39　レゼーデージーS
39　アウトラインS

kitchen shelf

L
p.030

[材料]
アンカー刺しゅう糸／25番＝253, 266, 215, 176, 1025, 400
[刺しゅう糸以外の材料（1個分）]
布地／リネン（白）適宜　接着芯／適宜　両面接着芯／適宜　はと目／直径0.4cmを1組み
ボールチェーン／直径1.5mmを12cm　ボールチェーン用コネクター／1個

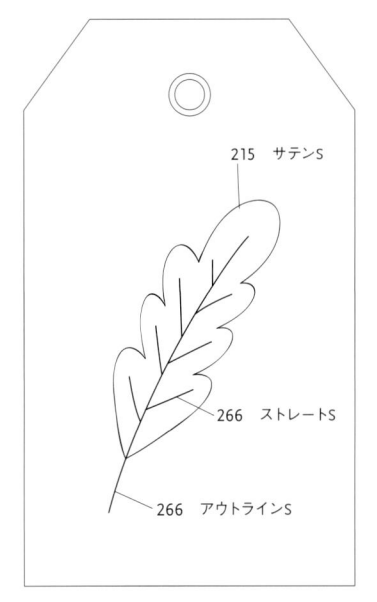

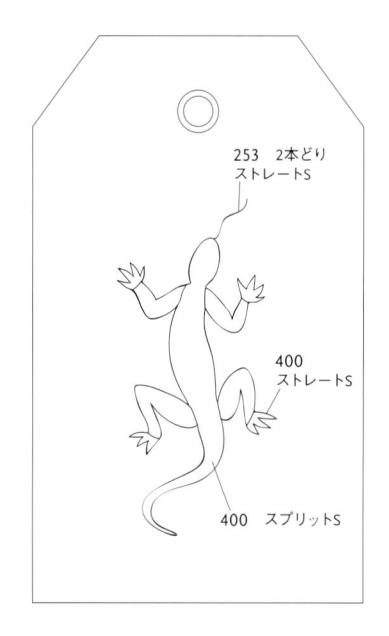

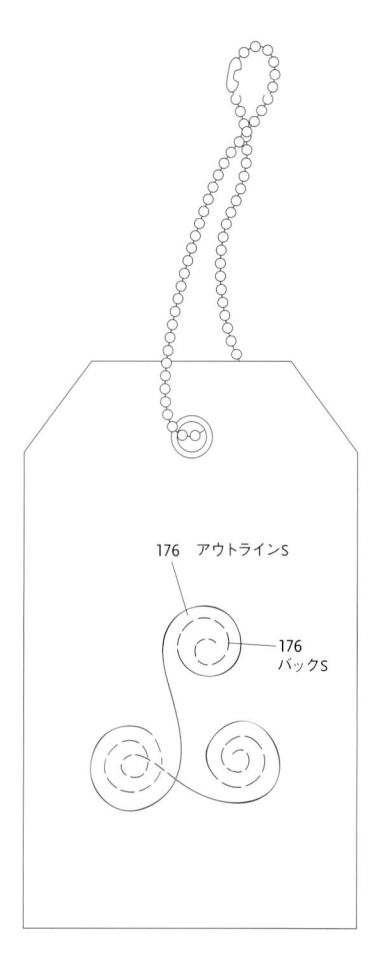

- 215　サテンS
- 266　ストレートS
- 266　アウトラインS

- 253　2本どり　ストレートS
- 400　ストレートS
- 400　スプリットS

- 176　アウトラインS
- 176　バックS

leaf　lizard　L

L
p.031

[材料]
アンカー刺しゅう糸／
25番＝97,109,261,215,1025,
926,941,253,387,266
＊刺しゅう糸以外の材料は
左ページ参照

作り方

約7
裏布（表）
約10
表布（裏）

①表布の裏に接着芯をはり、表に刺しゅうをする
②表布の裏に、裏布を両面接着芯ではり合わせる

→

④はと目をつける
⑤チェーンを通す
チェーン
コネクター
③型紙を当て、でき上りの印をつけてから、外回りをカット
表布（表）

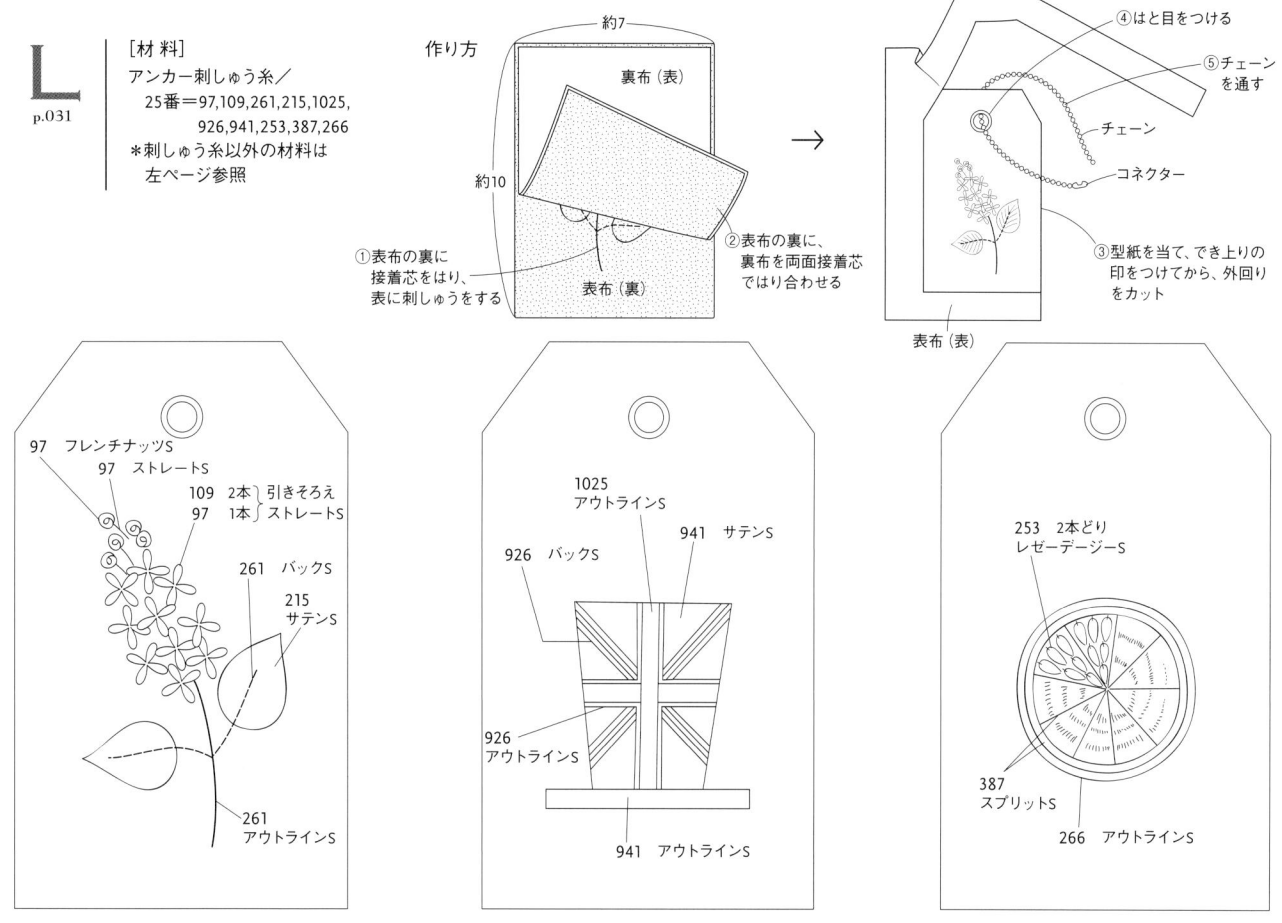

97　フレンチナッツS
97　ストレートS
109　2本 引きそろえ
97　1本 ストレートS
261　バックS
215　サテンS
261　アウトラインS

1025　アウトラインS
941　サテンS
926　バックS
926　アウトラインS
941　アウトラインS

253　2本どり　レゼーデージーS
387　スプリットS
266　アウトラインS

lilac　London hat　lime

097

M
p.032

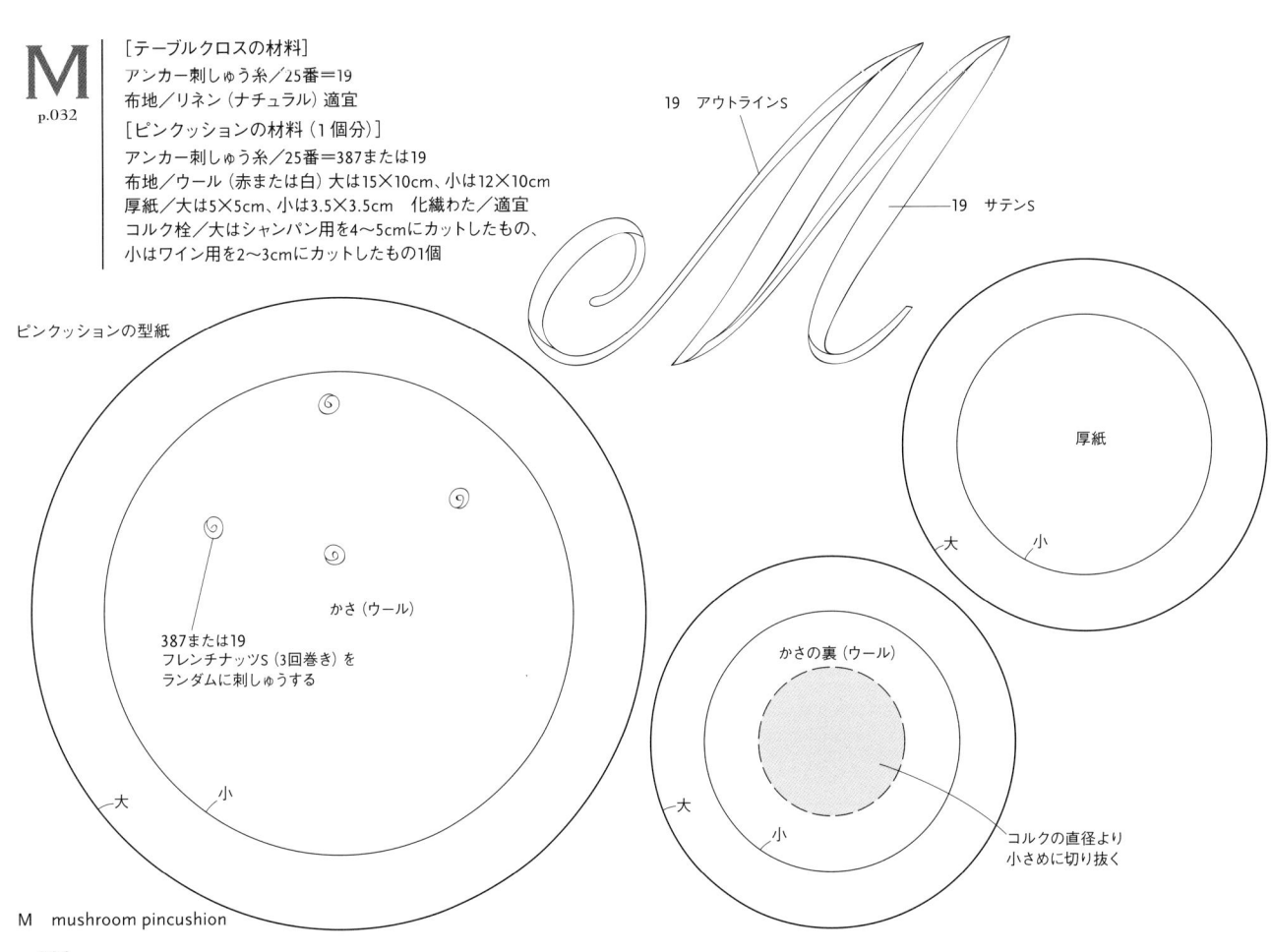

[テーブルクロスの材料]
アンカー刺しゅう糸／25番＝19
布地／リネン（ナチュラル）適宜

[ピンクッションの材料（1個分）]
アンカー刺しゅう糸／25番＝387または19
布地／ウール（赤または白）大は15×10cm、小は12×10cm
厚紙／大は5×5cm、小は3.5×3.5cm　化繊わた／適宜
コルク栓／大はシャンパン用を4～5cmにカットしたもの、
小はワイン用を2～3cmにカットしたもの1個

19　アウトラインS

19　サテンS

ピンクッションの型紙

厚紙

大／小

かさ（ウール）

387または19
フレンチナッツS（3回巻き）を
ランダムに刺しゅうする

大／小

かさの裏（ウール）

大／小

コルクの直径より
小さめに切り抜く

M　mushroom pincushion

M
p.032

ピンクッションの作り方

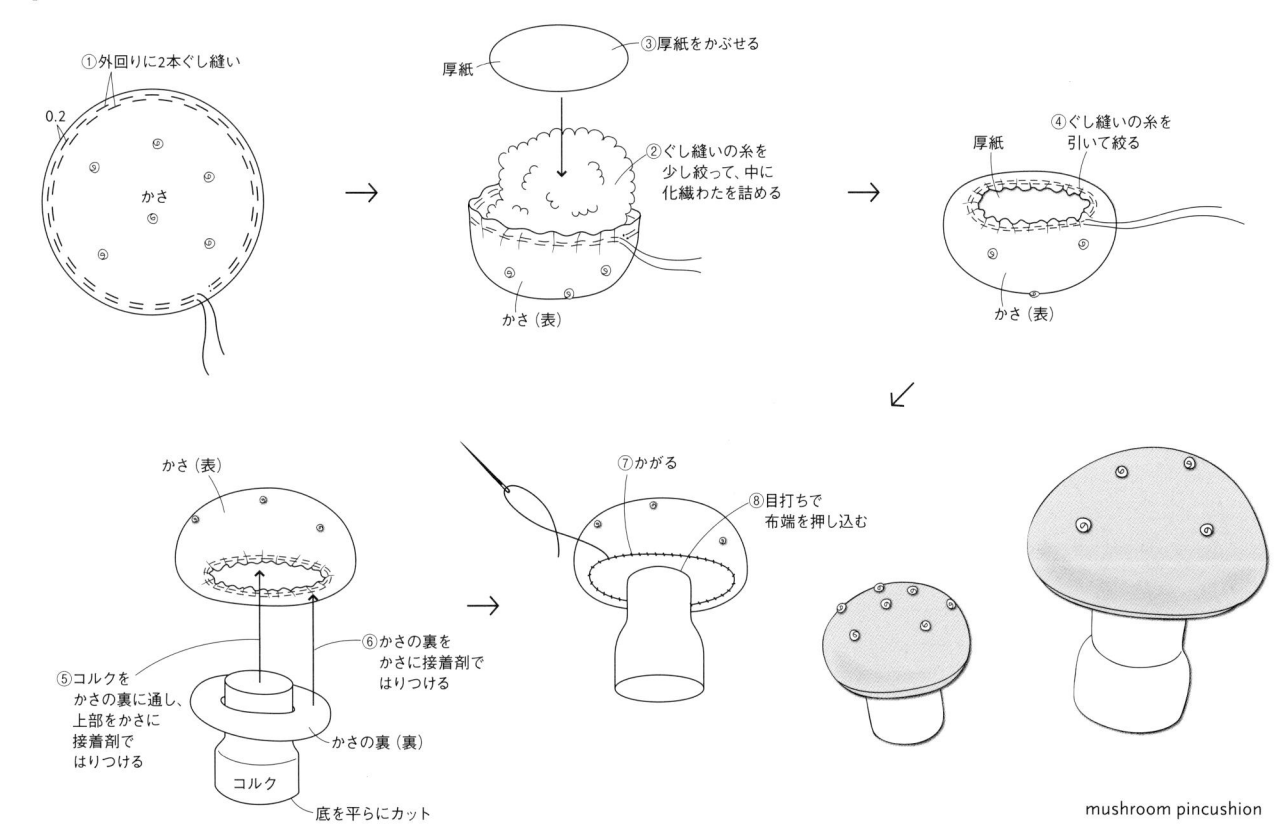

① 外回りに2本ぐし縫い
0.2
かさ

③ 厚紙をかぶせる
厚紙
② ぐし縫いの糸を少し絞って、中に化繊わたを詰める
かさ（表）

④ ぐし縫いの糸を引いて絞る
厚紙
かさ（表）

かさ（表）
⑤ コルクをかさの裏に通し、上部をかさに接着剤ではりつける
⑥ かさの裏をかさに接着剤ではりつける
かさの裏（裏）
コルク
底を平らにカット

⑦ かがる
⑧ 目打ちで布端を押し込む

mushroom pincushion

N
p.034

[材料]
アンカー刺しゅう糸／25番＝942,369
布地／コットン（茶色）45×35cm　接着芯／45×35cm
ビーズ（ラ・ドログリー）／マットな丸大ビーズ（茶色）を7個

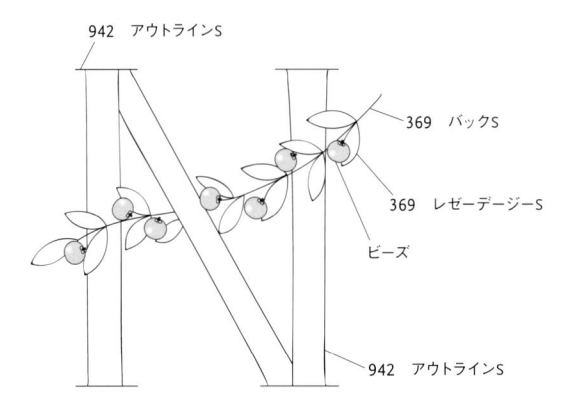

942　アウトラインS
369　バックS
369　レゼーデージーS
ビーズ
942　アウトラインS

N
p.035

[材料]
アンカー刺しゅう糸／25番＝942,369,370,393,1045　5番＝368
布地／リネン（白）45×35cm　接着芯／45×35cm

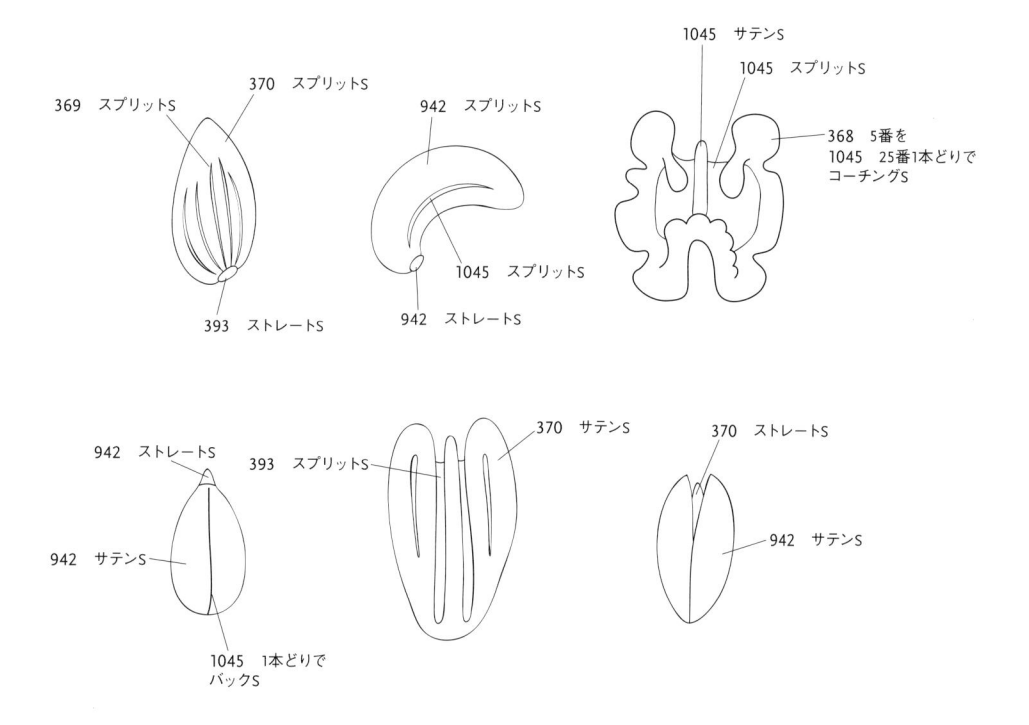

369　スプリットS
370　スプリットS
393　ストレートS

942　スプリットS
1045　スプリットS
942　ストレートS

1045　サテンS
1045　スプリットS
368　5番を
1045　25番1本どりで
コーチングS

942　ストレートS
942　サテンS
1045　1本どりで
バックS

393　スプリットS
370　サテンS

370　ストレートS
942　サテンS

nuts……almond, cashew, walnut, peanut, pecan, pistachio

○ p.036

[材料]
アンカー刺しゅう糸／25番＝265,266,351,43,382,403,926
布地／リネン（白）45×35cm　接着芯／45×35cm　数字のスタンプ

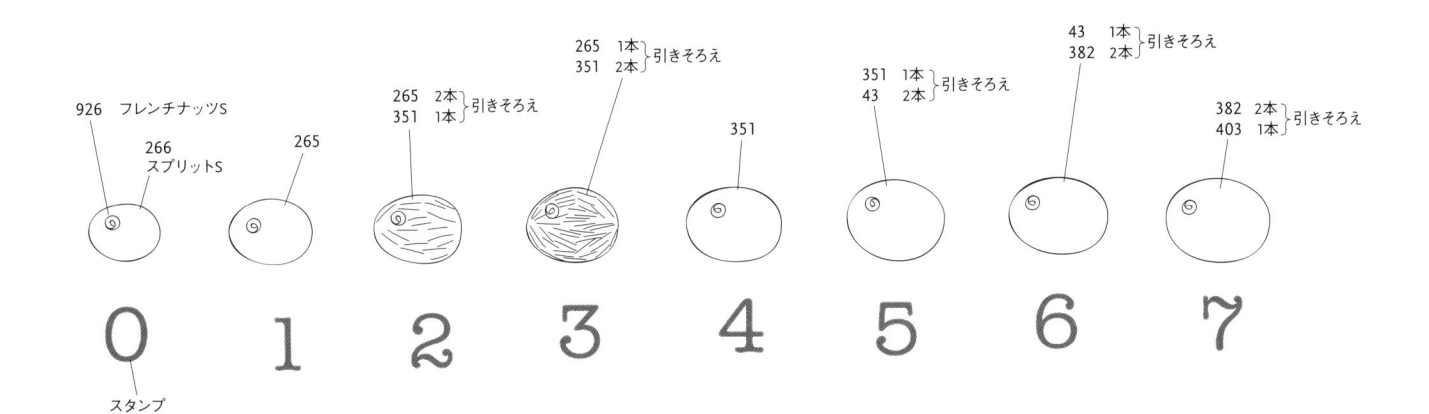

926　フレンチナッツS
266　スプリットS

265

265　2本 ｝引きそろえ
351　1本

265　1本 ｝引きそろえ
351　2本

351

351　1本 ｝引きそろえ
43　2本

43　1本 ｝引きそろえ
382　2本

382　2本 ｝引きそろえ
403　1本

0　スタンプ　1　2　3　4　5　6　7

olive scale

[材料]
アンカー刺しゅう糸／25番＝265,261,262,351,43,403,926,903,373,1034
布地／リネン（白）45×35cm　接着芯／45×35cm

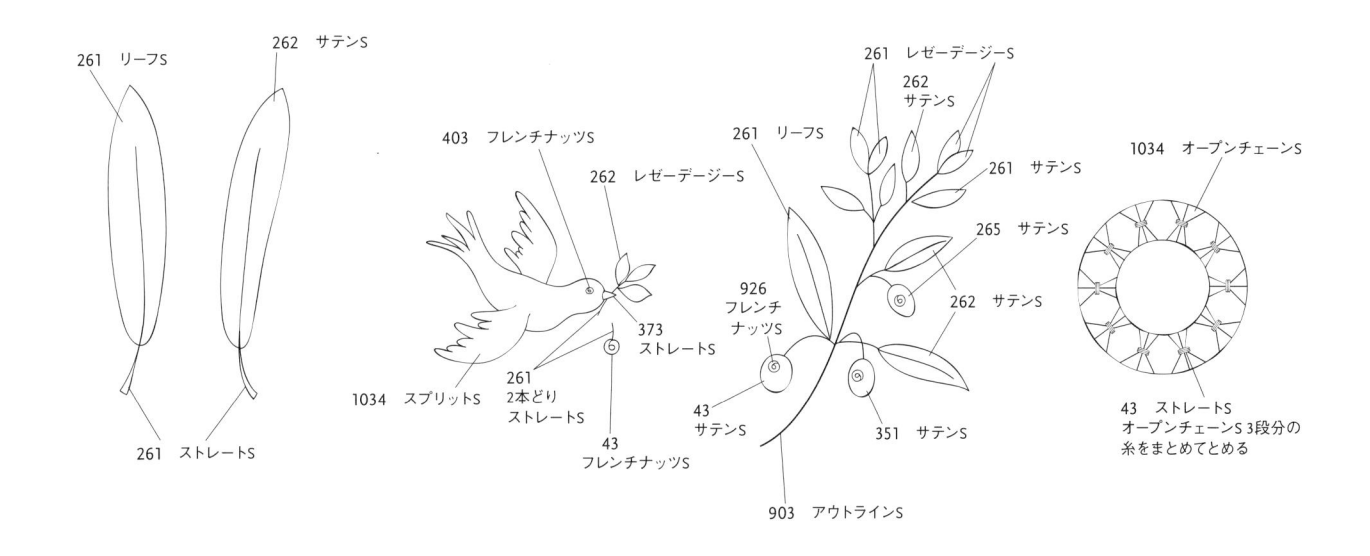

261　リーフS
262　サテンS
261　ストレートS

403　フレンチナッツS
262　レゼーデージーS
373　ストレートS
1034　スプリットS
261　2本どり　ストレートS
43　フレンチナッツS

261　レゼーデージーS
262　サテンS
261　リーフS
261　サテンS
265　サテンS
926　フレンチナッツS
262　サテンS
43　サテンS
351　サテンS
903　アウトラインS

1034　オープンチェーンS
43　ストレートS
オープンチェーンS 3段分の糸をまとめてとめる

olive motif　O

P
p.042

[材料]
アンカー刺しゅう糸／25番—66,31,36,25,74,62,49,38,1007,936,264,266,926,306
布地／リネン（白）45×35cm　接着芯／45×35cm

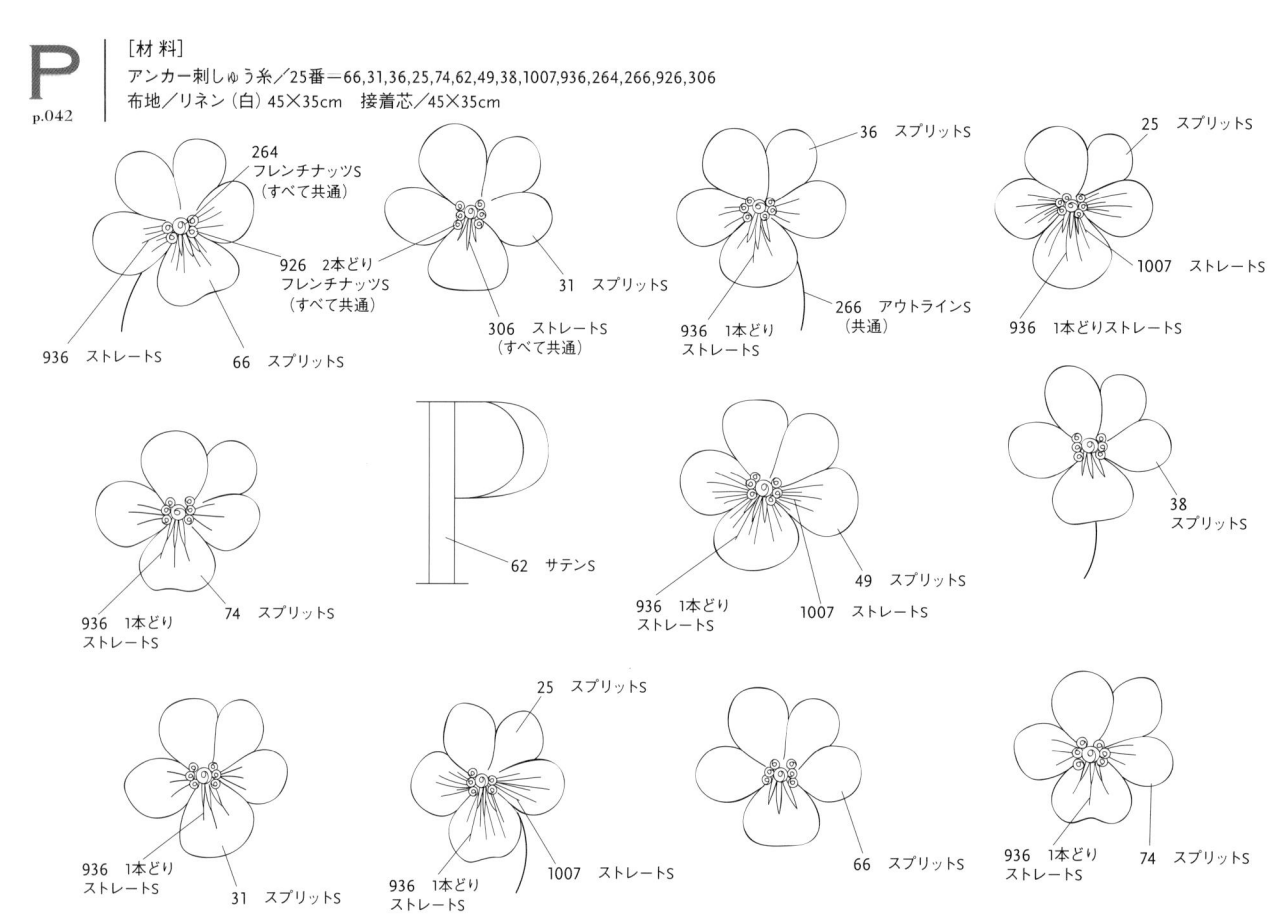

264 フレンチナッツS（すべて共通）
926 2本どり フレンチナッツS（すべて共通）
936 ストレートS
66 スプリットS

36 スプリットS
306 ストレートS（すべて共通）
31 スプリットS

36 スプリットS
266 アウトラインS（共通）
936 1本どり ストレートS

25 スプリットS
1007 ストレートS
936 1本どり ストレートS

936 1本どり ストレートS
74 スプリットS

62 サテンS

936 1本どり ストレートS
1007 ストレートS
49 スプリットS

38 スプリットS

936 1本どり ストレートS
31 スプリットS

25 スプリットS
936 1本どり ストレートS
1007 ストレートS

66 スプリットS

936 1本どり ストレートS
74 スプリットS

pink pansy　P

P

p.043

[材料]
アンカー刺しゅう糸／25番＝926,399,261,1021,1023,76,39,236
布地／リネン（白）45×35cm　接着芯／45×35cm

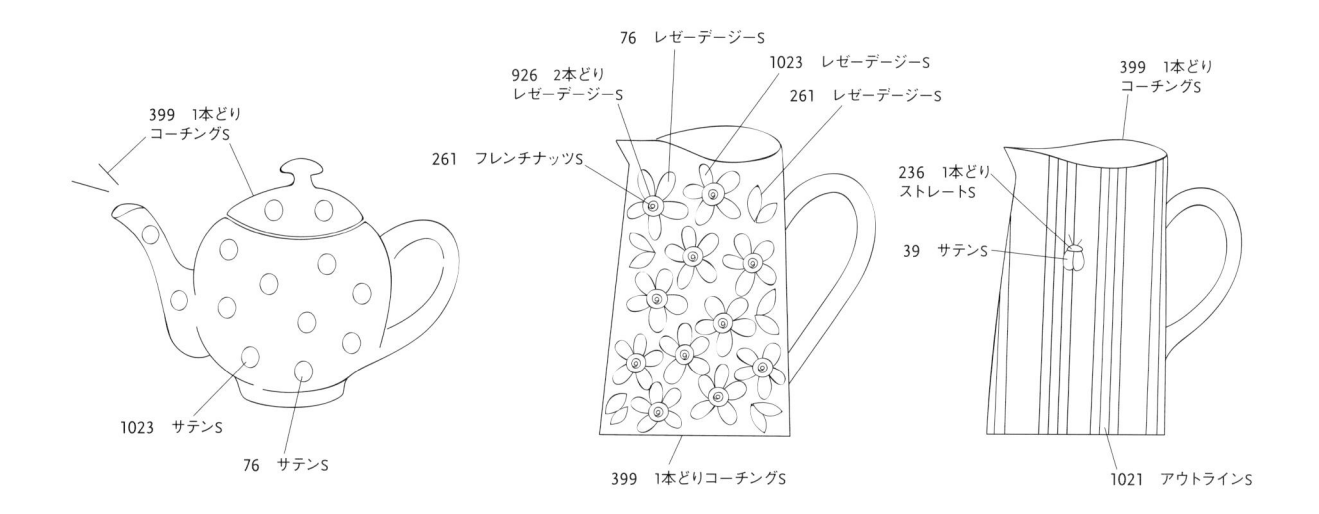

399　1本どり
コーチングS

1023　サテンS

76　サテンS

926　2本どり
レゼーデージーS

76　レゼーデージーS

1023　レゼーデージーS

261　レゼーデージーS

261　フレンチナッツS

399　1本どりコーチングS

399　1本どり
コーチングS

236　1本どり
ストレートS

39　サテンS

1021　アウトラインS

pot　pitcher

105

Q
p.044

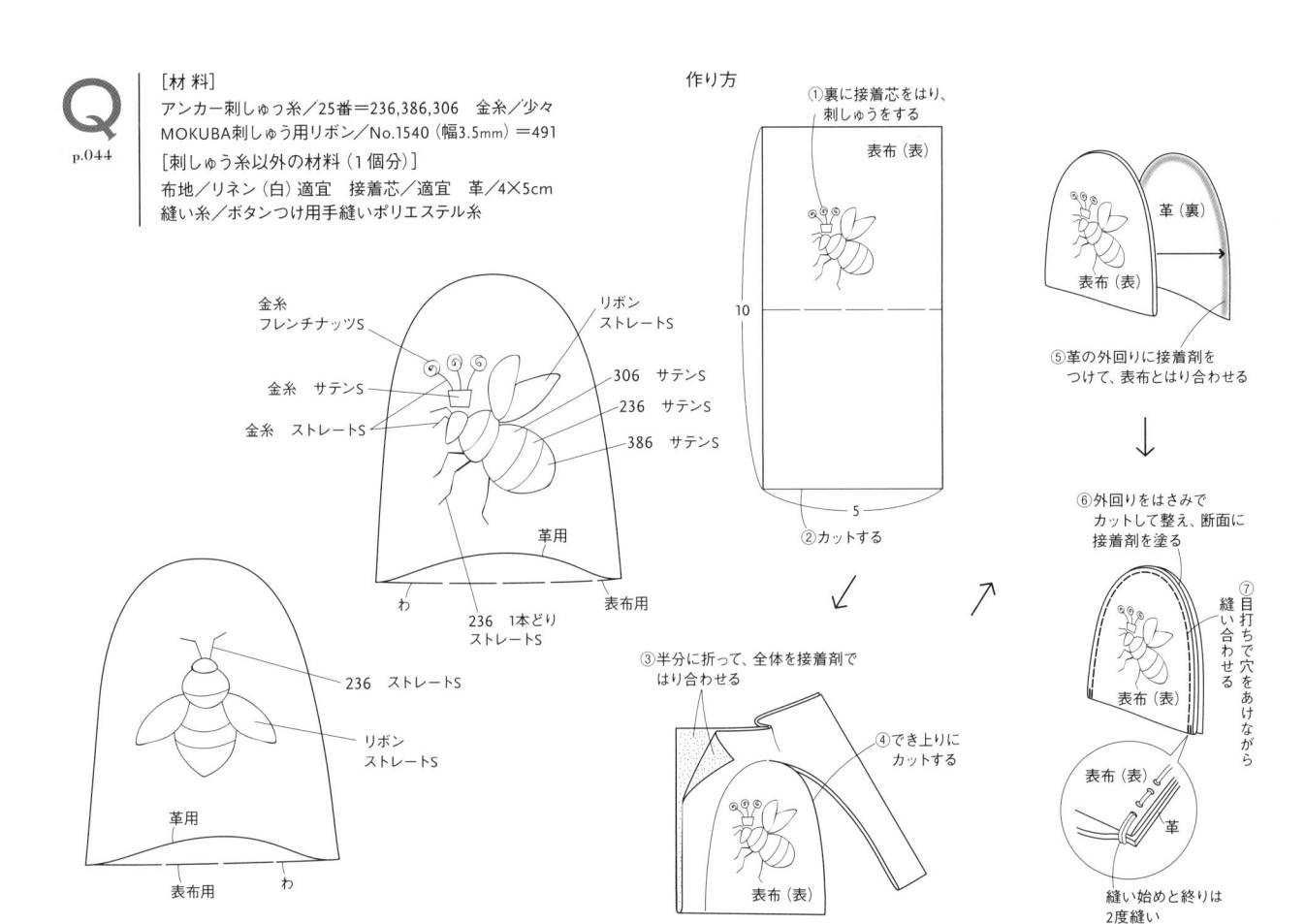

[材料]
アンカー刺しゅう糸／25番＝236, 386, 306　金糸／少々
MOKUBA刺しゅう用リボン／No.1540（幅3.5mm）＝491

[刺しゅう糸以外の材料（1個分）]
布地／リネン（白）適宜　接着芯／適宜　革／4×5cm
縫い糸／ボタンつけ用手縫いポリエステル糸

作り方

①裏に接着芯をはり、刺しゅうをする

表布（表）

10

5

②カットする

金糸　フレンチナッツS
金糸　サテンS
金糸　ストレートS
リボン　ストレートS
306　サテンS
236　サテンS
386　サテンS
革用
わ
表布用
236　1本どり　ストレートS

236　ストレートS
リボン　ストレートS
革用
表布用　わ

③半分に折って、全体を接着剤ではり合わせる

④でき上りにカットする

表布（表）

⑤革の外回りに接着剤をつけて、表布とはり合わせる

革（裏）
表布（表）

⑥外回りをはさみでカットして整え、断面に接着剤を塗る

⑦目打ちで穴をあけながら縫い合わせる

表布（表）

表布（表）
革

縫い始めと終りは2度縫い

quilting bee thimble

Q p.045

[材料]
アンカー刺しゅう糸／25番＝235,236,387,306　布地／1cmが5.5目のクロスステッチ用インディアンクロス（生成り）45×35cm
[Qのカードの材料（1枚分）]
アンカー刺しゅう糸／25番＝287,306,236,1098,940　MOKUBA刺しゅう用リボン／No.1540（幅3.5mm）＝386　金糸／少々
布地／リネン（白）適宜　接着芯／適宜

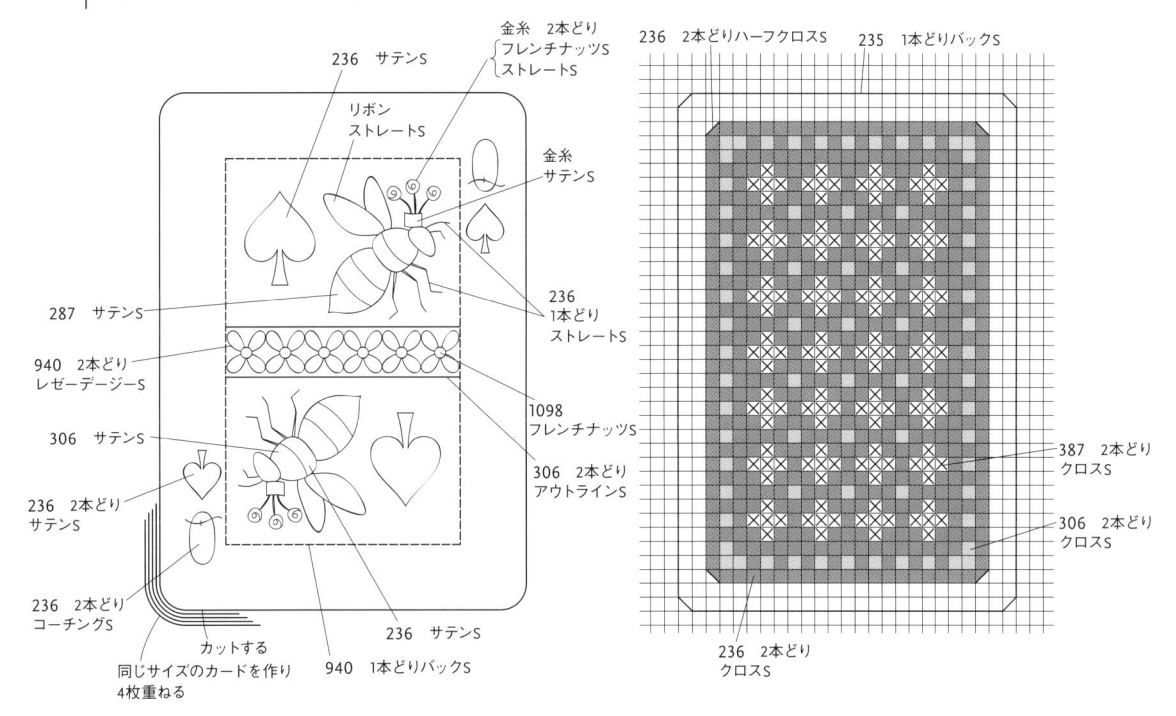

236　サテンS

金糸　2本どり
フレンチナッツS
ストレートS

リボン
ストレートS

金糸
サテンS

287　サテンS

236
1本どり
ストレートS

940　2本どり
レゼーデージーS

1098
フレンチナッツS

306　サテンS

306　2本どり
アウトラインS

236　2本どり
サテンS

236　2本どり
コーチングS

カットする
同じサイズのカードを作り
4枚重ねる

236　サテンS

940　1本どり バックS

236　2本どりハーフクロスS　　235　1本どりバックS

387　2本どり
クロスS

306　2本どり
クロスS

236　2本どり
クロスS

Q　queen bee card

107

R
p.046

[材料]
アンカー刺しゅう糸／25番＝1025,399
布地／リネン（生成り）適宜　接着芯／適宜　1cmが織り糸12本のクロスステッチ用の布／（生成り）適宜
ベースの布地／リネン（白）45×35cm　接着芯／45×35cm

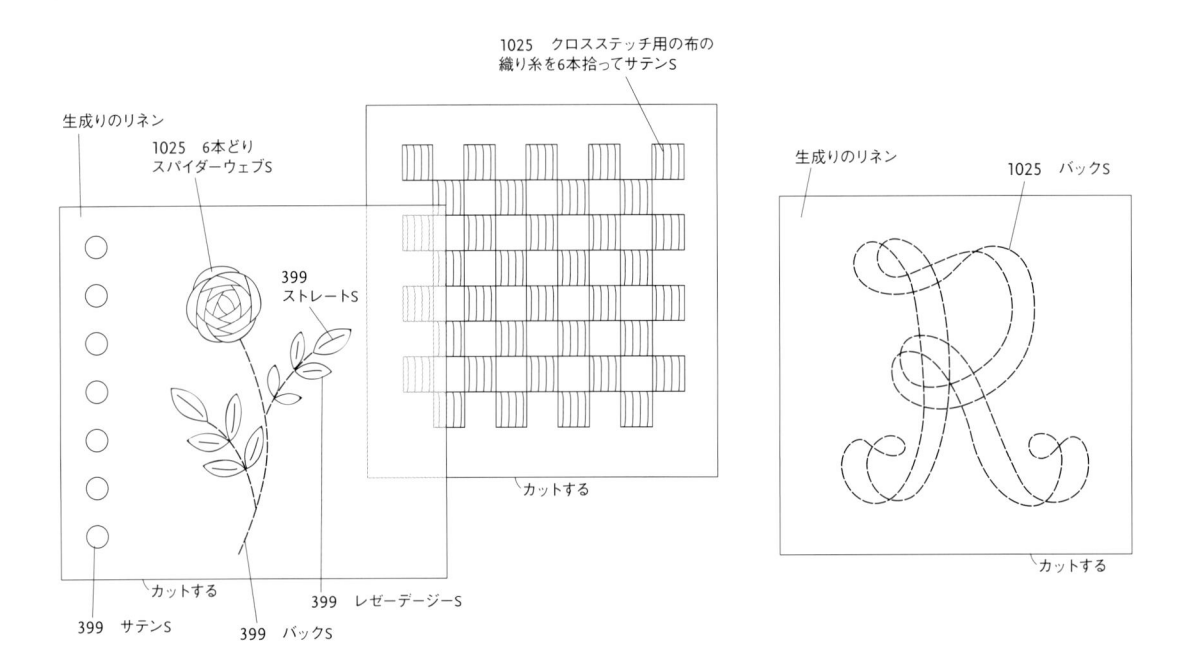

生成りのリネン

1025　6本どり
スパイダーウェブS

399
ストレートS

1025　クロスステッチ用の布の
織り糸を6本拾ってサテンS

カットする

生成りのリネン

1025　バックS

カットする

399　サテンS
399　バックS
399　レゼーデージーS

カットする

red collage　rose　red check　R

R
p.047

[材料]
アンカー刺しゅう糸／25番＝1025,399
ビーズ／丸大ビーズ（赤）適宜、しずく形クリスタル（シャム）15×7.5mm1個　金具／ピアス用1個　布地／リネン（生成り）適宜　接着芯／適宜
1cmが織り糸12本のクロスステッチ用の布／（生成り）適宜　ベースの布地／リネン（白）45×35cm　接着芯／45×35cm

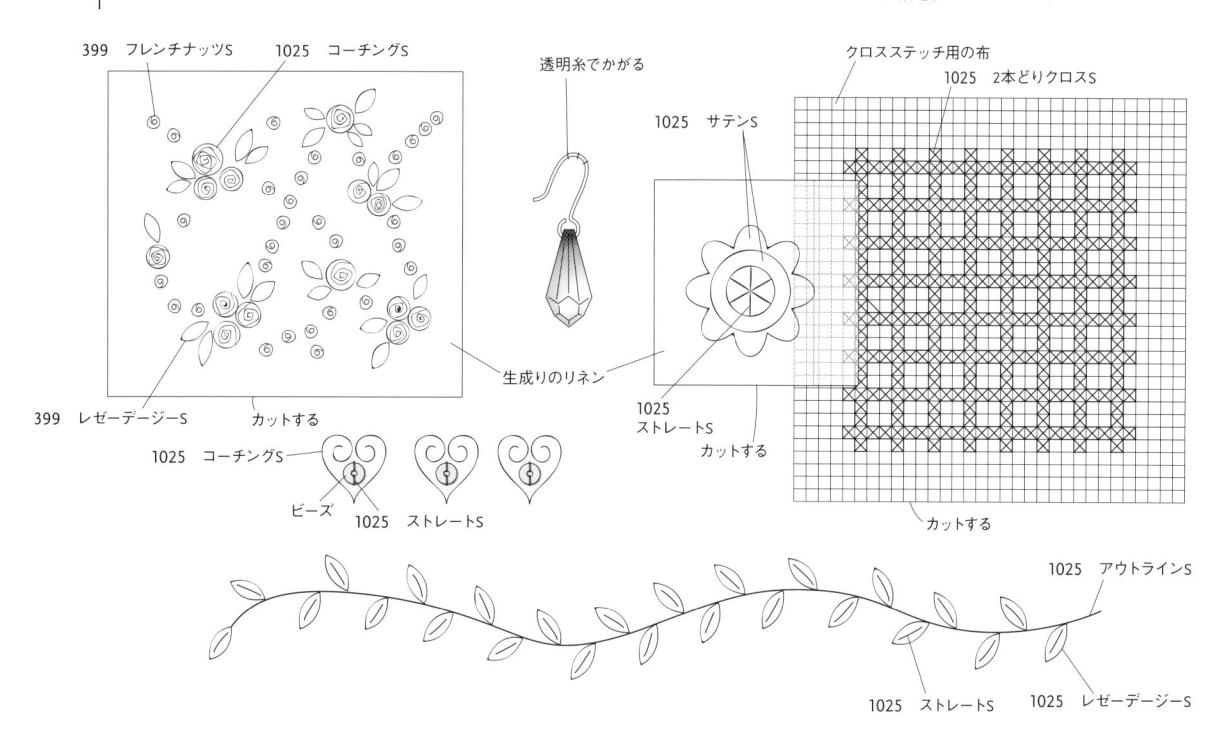

399　フレンチナッツS　1025　コーチングS

クロスステッチ用の布
1025　2本どりクロスS

透明糸でかがる

1025　サテンS

399　レゼーデージーS　カットする

生成りのリネン

1025
ストレートS
カットする

1025　コーチングS
ビーズ
1025　ストレートS

カットする

1025　アウトラインS

1025　ストレートS　　1025　レゼーデージーS

red collage　red flower　ruby　red check

S
p.048

[材料]
アンカー刺しゅう糸／25番＝236
ビーズ（裏面が平らなスワロフスキー）／大＝SS20、中＝SS12、小＝SS7のジェットヘマタイト各適宜
布地／リネン（ベージュ）45×35cm　接着芯／45×35cm

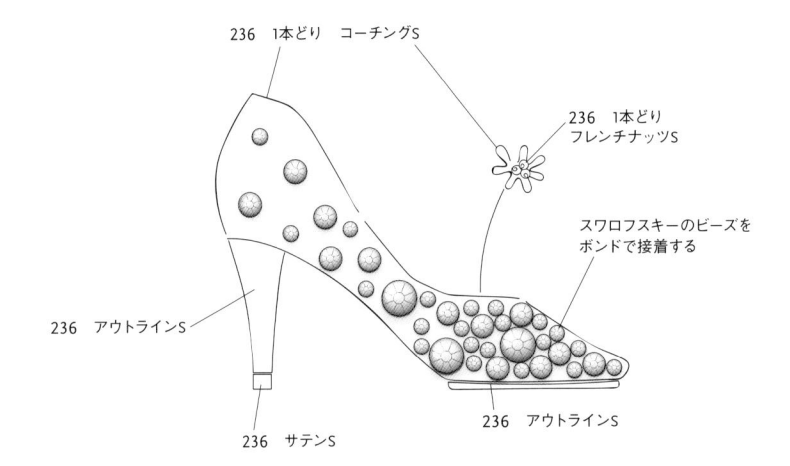

236　1本どり　コーチングS

236　1本どり　フレンチナッツS

236　アウトラインS

スワロフスキーのビーズをボンドで接着する

236　サテンS

236　アウトラインS

Swarovski shoe

S
p.049

[材料]
アンカー刺しゅう糸／25番＝403,236,2,1014　布地／リネン（ベージュ）45×35cm　接着芯／45×35cm
丸かん／直径8mmを1個、直径3mmを2個　チェーン／長さ2cm、3cmを各1本　チャーム／石座つきしずく形クリスタル（スワロフスキー）、Sを各1個

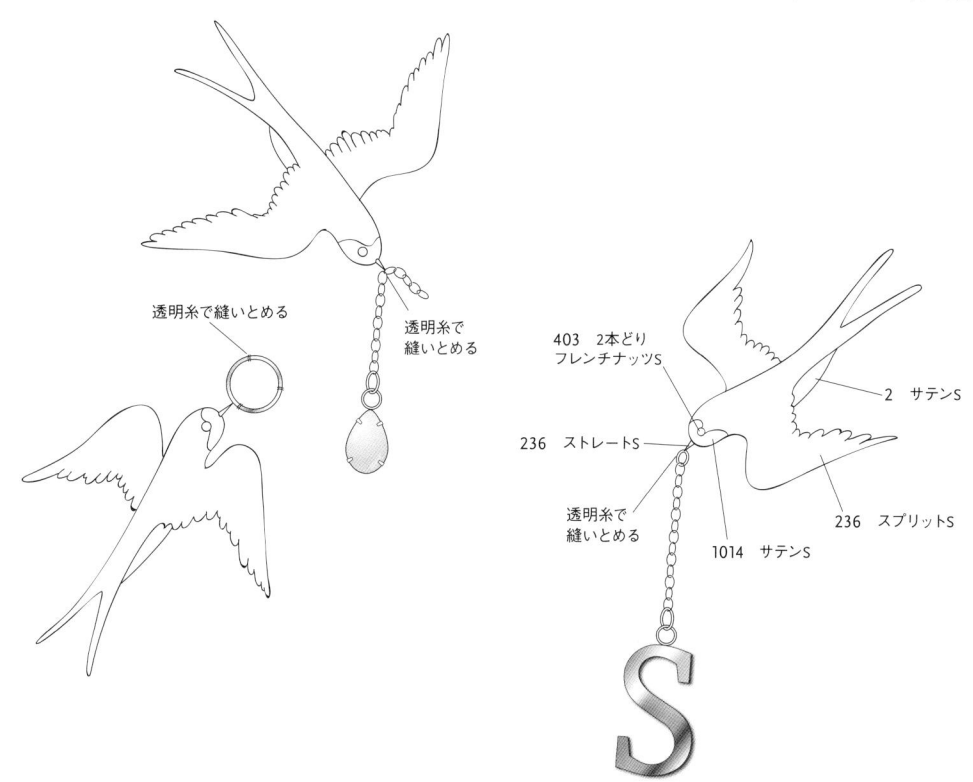

透明糸で縫いとめる

透明糸で縫いとめる

403　2本どり
フレンチナッツS

2　サテンS

236　ストレートS

236　スプリットS

透明糸で縫いとめる

1014　サテンS

swallow　silver ring　Swarovski　S

T
p.050
p.051

[材料]
アンカー刺しゅう糸／25番＝926,403,305,218,940,941,333,11
[刺しゅう糸以外の材料（1枚分）]
布地／1cmが5.5目のクロスステッチ用インディアンクロス（生成り）15×15cm

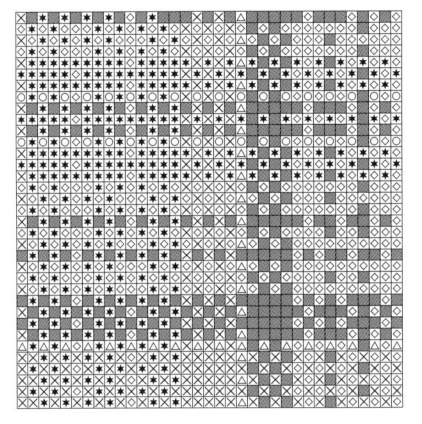

すべて2本どりクロスS

- ● … 941（紺）
- ▨ … 403（黒）
- ⊠ … 218（緑）

- ⊠ … 218（緑）
- △ … 305（黄）
- ▨ … 403（黒）
- ◇ … 940（青）
- ○ … 926（白）
- ✳ … 11　1本 ⎫
　　 333　1本 ⎭引きそろえ（赤）

- ⊠ … 218（緑）
- ▨ … 403（黒）
- ● … 941（紺）
- ✳ … 11　1本 ⎫
　　 333　1本 ⎭引きそろえ（赤）

T　tartan……Sutherland, MacPherson, Urquhart

T p.051

[材料]
アンカー刺しゅう糸／25番＝926,403,305,218,940,941,333,11
[刺しゅう糸以外の材料（1枚分）]
布地／1cmが5.5目のクロスステッチ用インディアンクロス（生成り）15×15cm

すべて2本どりクロスS

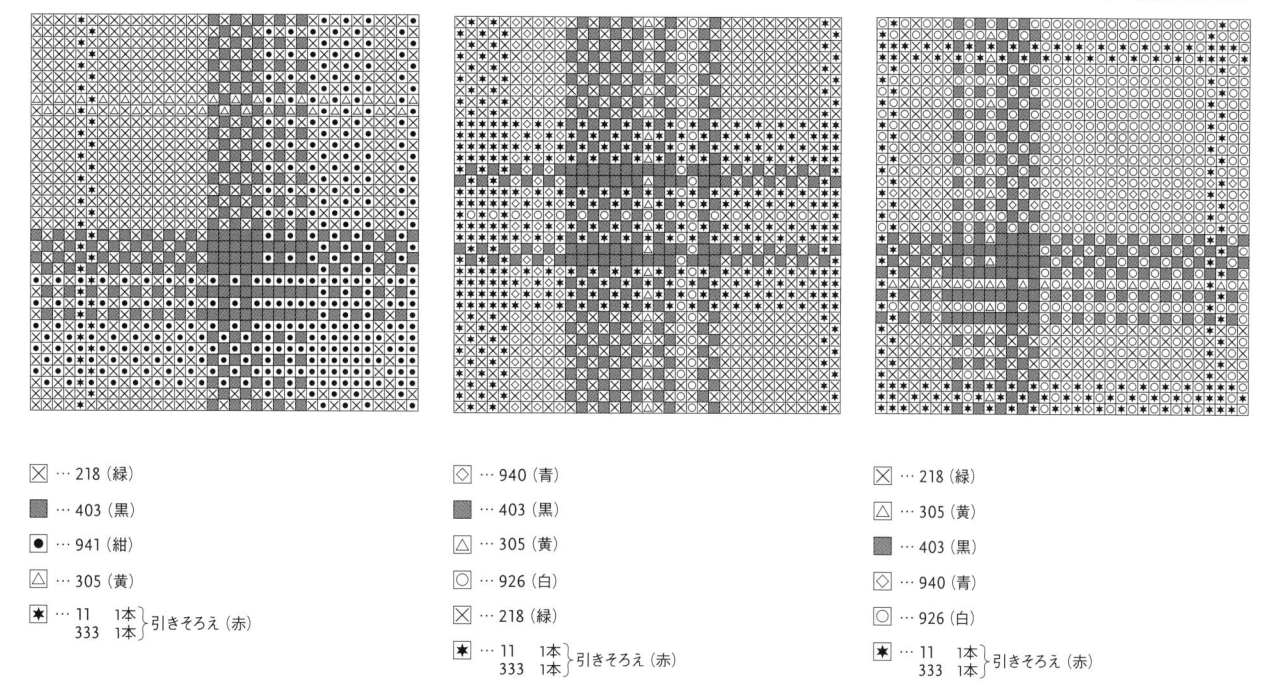

⊠ … 218（緑）

▨ … 403（黒）

● … 941（紺）

△ … 305（黄）

✱ … 11　　1本
　　333　1本 }引きそろえ（赤）

◇ … 940（青）

▨ … 403（黒）

△ … 305（黄）

○ … 926（白）

⊠ … 218（緑）

✱ … 11　　1本
　　333　1本 }引きそろえ（赤）

⊠ … 218（緑）

△ … 305（黄）

▨ … 403（黒）

◇ … 940（青）

○ … 926（白）

✱ … 11　　1本
　　333　1本 }引きそろえ（赤）

Stewart Hunting, Stewart Prince Charles Edward, Stewart Dress

U p.052

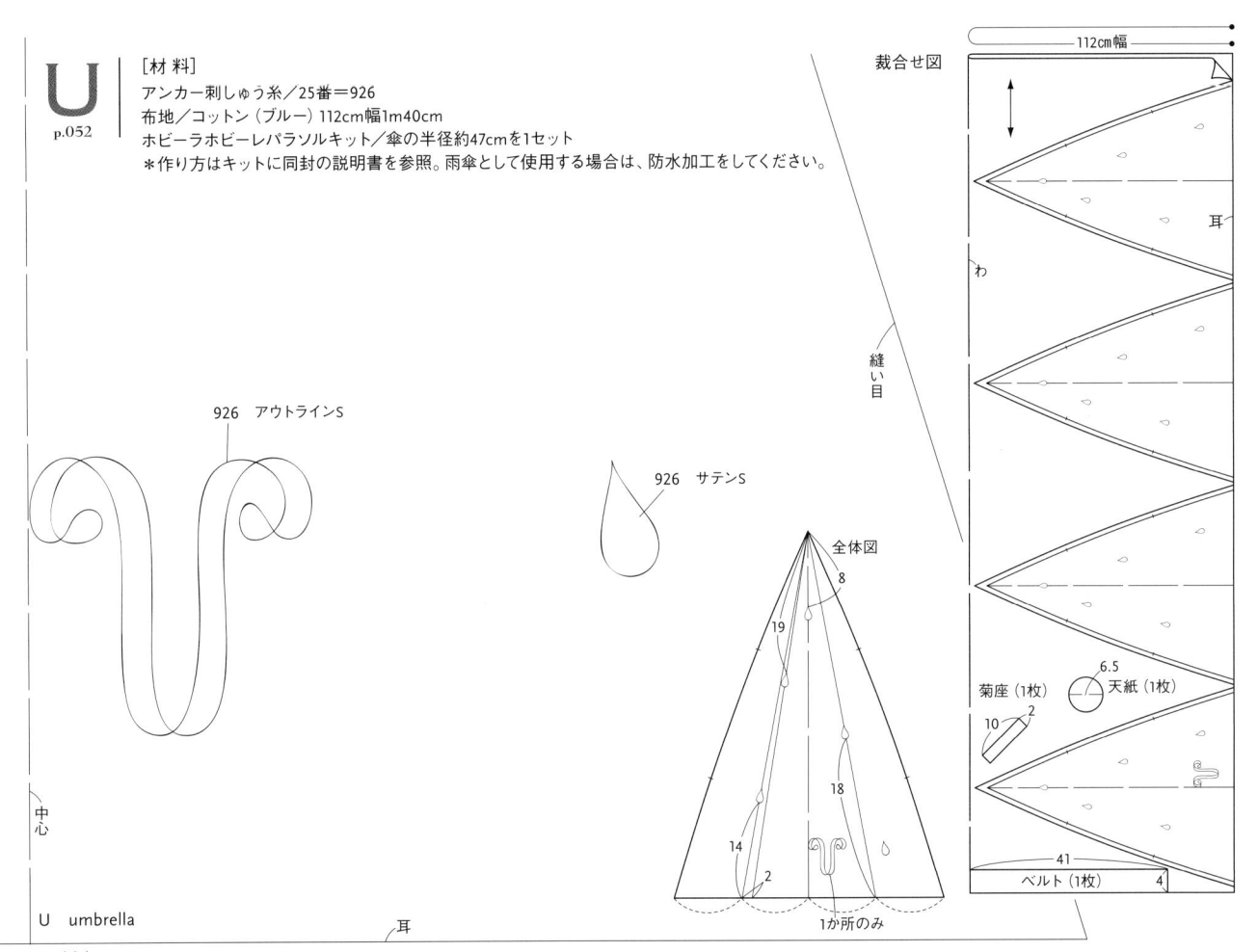

[材料]
アンカー刺しゅう糸／25番＝926
布地／コットン（ブルー）112cm幅1m40cm
ホビーラホビーレパラソルキット／傘の半径約47cmを1セット
＊作り方はキットに同封の説明書を参照。雨傘として使用する場合は、防水加工をしてください。

926　アウトラインS

926　サテンS

全体図

裁合せ図

112cm幅

耳

わ

縫い目

菊座（1枚）　天紙（1枚）　6.5

10　2

ベルト（1枚）　41　4

中心

耳

1か所のみ

U　umbrella

U
p.053

[材料]
アンカー刺しゅう糸／25番＝399,145,176,901
布地／リネン（白）45×35cm　接着芯／45×35cm

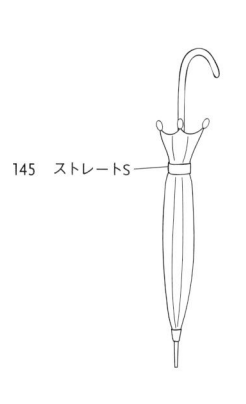

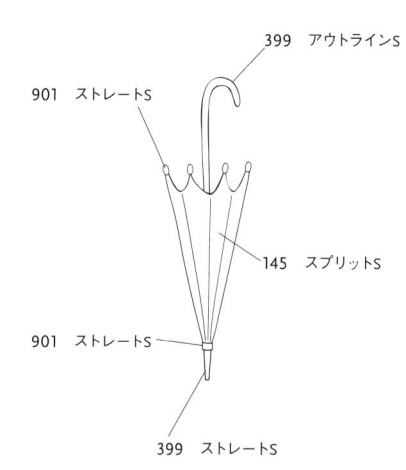

145　ストレートS

901　ストレートS
399　アウトラインS
145　スプリットS
901　ストレートS
399　ストレートS

145　スプリットS
176　スプリットS

umbrella

V
p.054

[材料]
アンカー刺しゅう糸／25番＝261,215,92,101,111,972,338,387,926,305,403,903
布地／リネン（白）45×35cm　接着芯／45×35cm

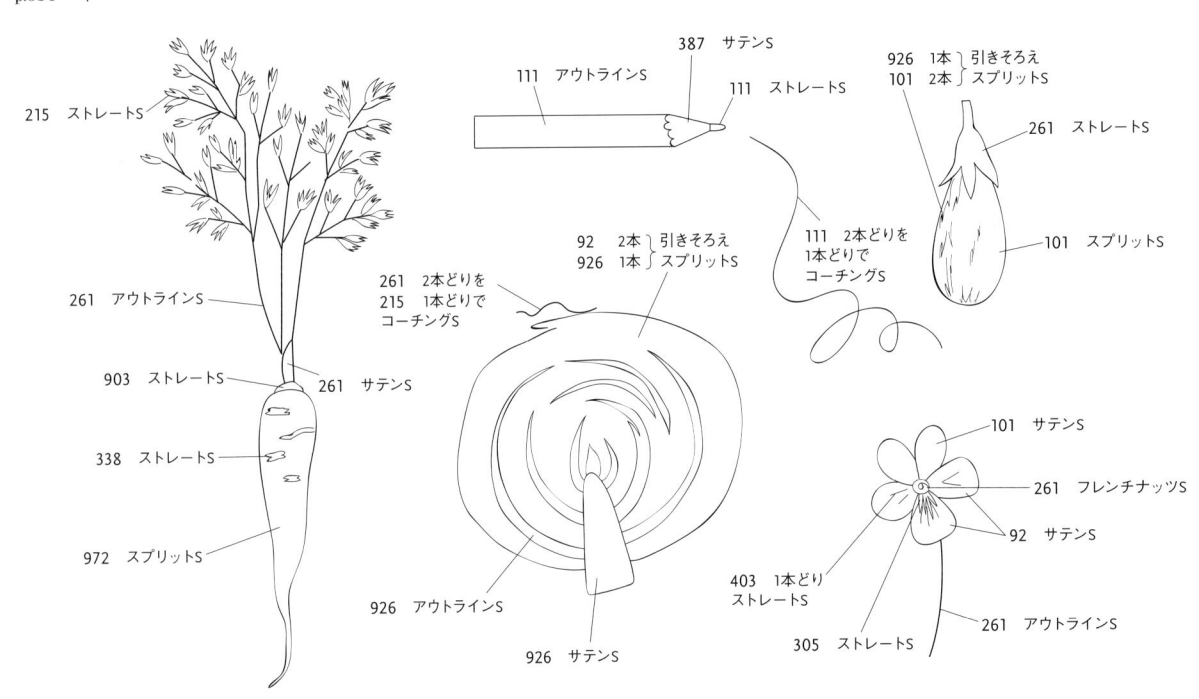

- 215　ストレートS
- 261　アウトラインS
- 903　ストレートS
- 261　サテンS
- 338　ストレートS
- 972　スプリットS

- 111　アウトラインS
- 387　サテンS
- 111　ストレートS
- 92　2本 引きそろえ
926　1本 スプリットS
- 261　2本どりを
215　1本どりで
コーチングS
- 111　2本どりを
1本どりで
コーチングS
- 926　アウトラインS
- 926　サテンS

- 926　1本 引きそろえ
101　2本 スプリットS
- 261　ストレートS
- 101　スプリットS

- 101　サテンS
- 261　フレンチナッツS
- 92　サテンS
- 403　1本どり
ストレートS
- 305　ストレートS
- 261　アウトラインS

violet vegetables　violet pencil　violet

116

V

p.055

[材料]
アンカー刺しゅう糸／25番＝265,261,215,875,97,92,94,926,401,903　5番＝903
布地／リネン（白）45×35cm　接着芯／45×35cm

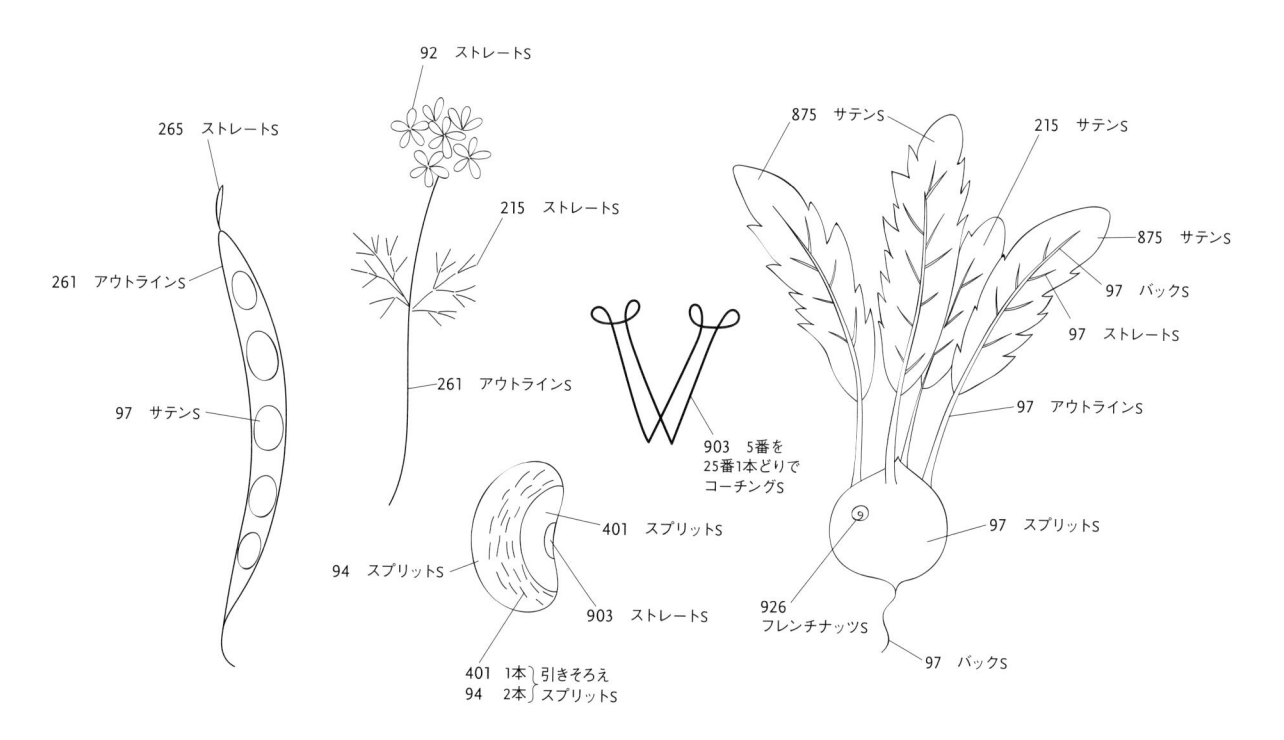

92　ストレートS

265　ストレートS

875　サテンS

215　サテンS

261　アウトラインS

215　ストレートS

875　サテンS

97　サテンS

97　バックS

261　アウトラインS

97　ストレートS

903　5番を
25番1本どりで
コーチングS

97　アウトラインS

401　スプリットS

94　スプリットS

97　スプリットS

903　ストレートS

926
フレンチナッツS

401　1本 ┐引きそろえ
94　2本 ┘スプリットS

97　バックS

violet vegetables　verbena　V

W p.056

[材料]
アンカー刺しゅう糸／25番＝305,890,255,257,267,144,176,96
布地／リネン（白）45×35cm　接着芯／45×35cm

257　2本 ⎫ 引きそろえ
261　1本 ⎭
レゼーデージーS

257　2本 ⎫ 引きそろえ
267　1本 ⎭
フレンチナッツS

890　フレンチナッツS

305　ストレートS

305 ⎫
176 ⎬ フレンチナッツSを
96 ⎭ プラスする

144　2本どり
フレンチナッツSを
プラスする

255　1本どり
ストレートSを
プラスする

wreath

W
p.057

[材料]
アンカー刺しゅう糸／25番＝292,305,890,254,255,257,267,144,176,123,96,261　5番＝261
布地／リネン（白）45×35cm　接着芯／45×35cm

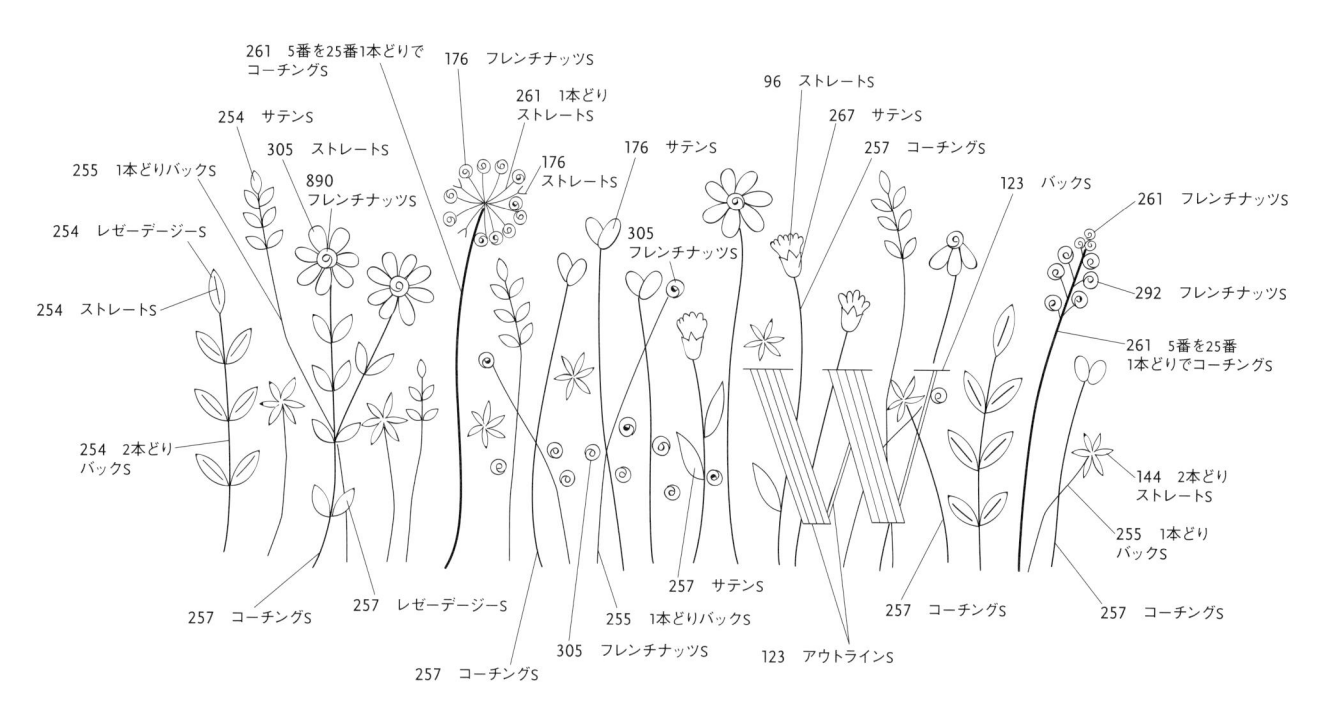

261　5番を25番1本どりで
コーチングS

176　フレンチナッツS

96　ストレートS

254　サテンS

261　1本どり
ストレートS

267　サテンS

305　ストレートS

176　サテンS

257　コーチングS

255　1本どりバックS

890
フレンチナッツS

176
ストレートS

123　バックS

261　フレンチナッツS

254　レゼーデージーS

305
フレンチナッツS

292　フレンチナッツS

254　ストレートS

261　5番を25番
1本どりでコーチングS

254　2本どり
バックS

144　2本どり
ストレートS

255　1本どり
バックS

257　コーチングS

257　レゼーデージーS

255　1本どりバックS

257　サテンS

257　コーチングS

257　コーチングS

257　コーチングS

305　フレンチナッツS

123　アウトラインS

wildflower　W

X

p.058
p.059

[材料]
アンカー刺しゅう糸／25番＝254, 117, 278, 90, 261, 926
[刺しゅう糸以外の材料（1個分）]
布地／1cmが5.5目のクロスステッチ用インディアンクロス（生成り）適宜　薄手接着芯／4×14cm
中に入れるパーツ／白のフェルト少々、またはXのメタルパーツ1個

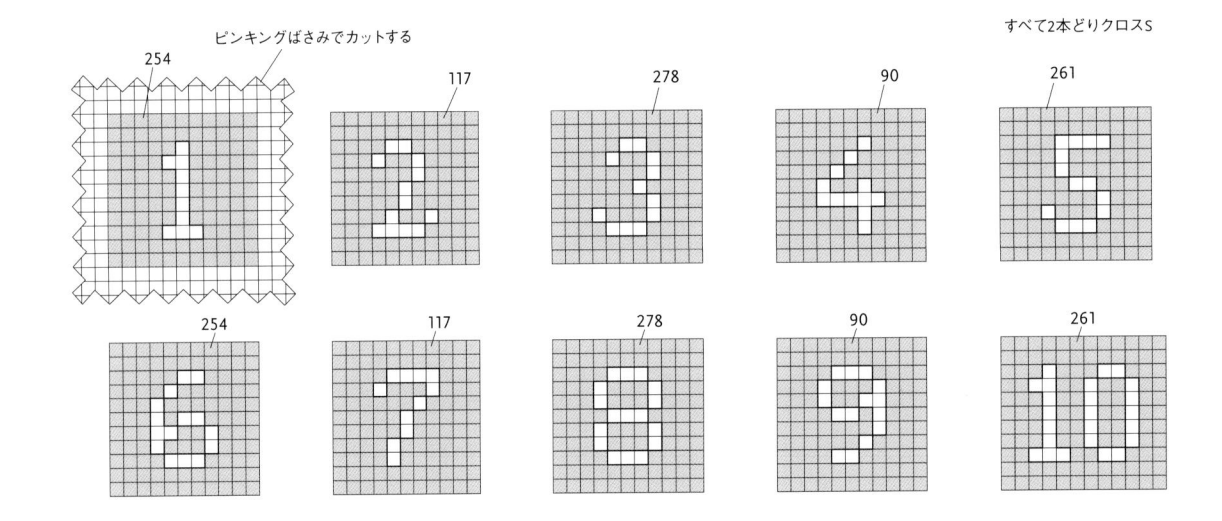

すべて2本どりクロスS

254　ピンキングばさみでカットする　117　278　90　261

254　117　278　90　261

Xmas Advent calendar

X 作り方

p.058
p.059

② フェルトをカットしてパーツを作り、袋の中に入れる

① 4×14の薄手接着芯を外表に半分に折り、両端の際にアイロンを当てて接着し、袋にする

接着芯（表）
7
4
わ

③ 袋の上の両角を斜めに折り、タグを縫いとめる

④ 上端を折る

926　6本どり
でき上りの長さは8

玉結びをしてクロスステッチの糸にからめる

クロスステッチのタグ

ピンキングばさみでカット

接着芯（表）
5.5
4.5
3
3
裏

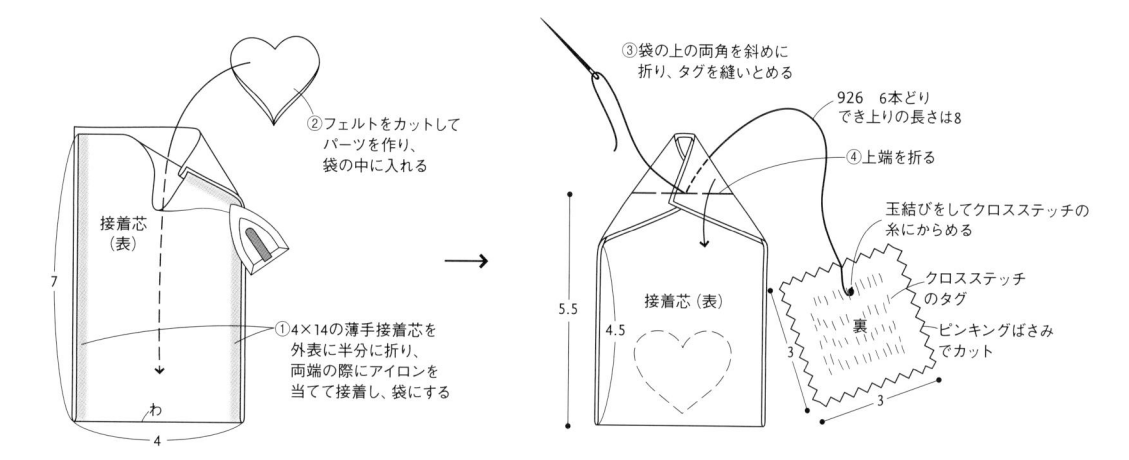

フェルトパーツの実物大型紙

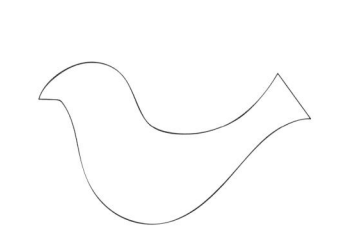

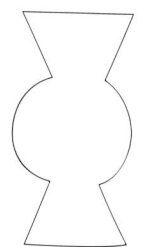

Xmas Advent calendar

Y
p.060

[材料]
アンカー刺しゅう糸／25番＝297,306,303,235　5番＝305　8番＝1304（マルチカラー）　＊マルチカラー ＝段染めの糸
布地／リネン（白）45×35cm　接着芯／45×35cm

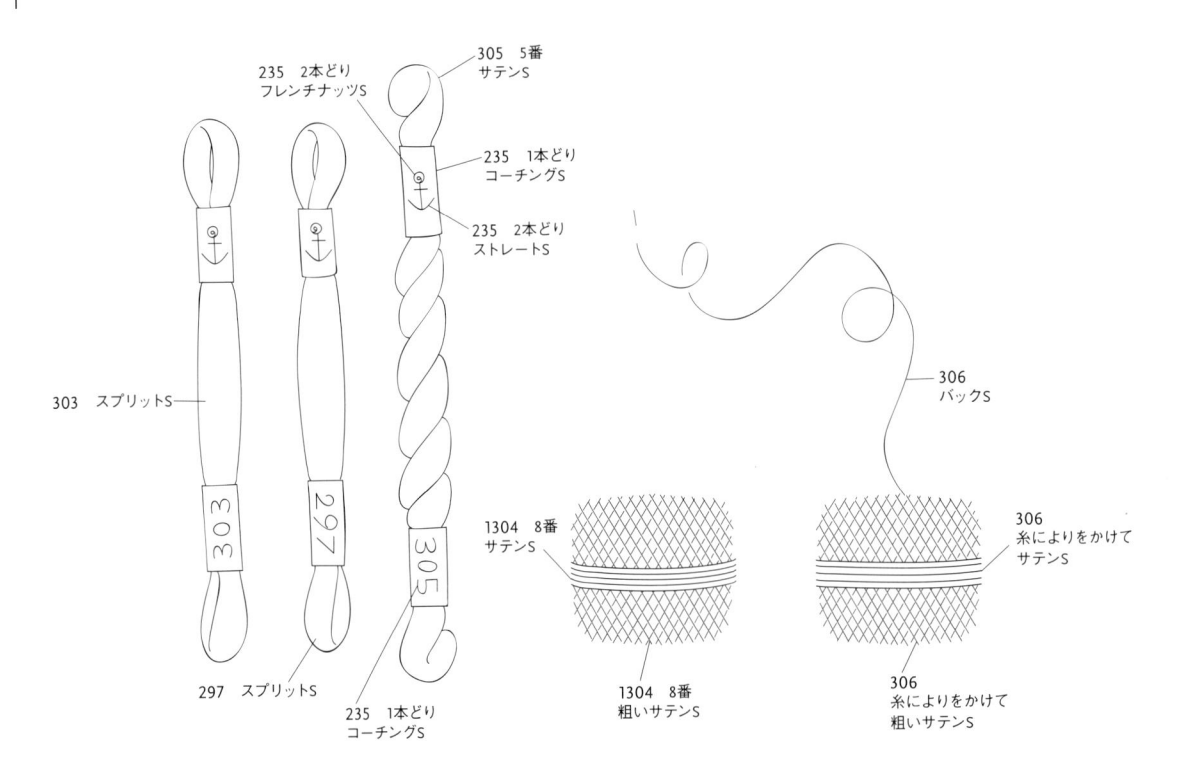

235　2本どり
フレンチナッツS

305　5番
サテンS

235　1本どり
コーチングS

235　2本どり
ストレートS

303　スプリットS

306
バックS

1304　8番
サテンS

306
糸によりをかけて
サテンS

297　スプリットS

1304　8番
粗いサテンS

306
糸によりをかけて
粗いサテンS

235　1本どり
コーチングS

yellow yarn & yellow-green yarn collection

Y
p.061

[材料]
アンカー刺しゅう糸／25番＝1304（マルチカラー）,306,1002,890,254,235　　＊マルチカラー＝段染めの糸
糸／コットンのレース糸（黄）少々　毛糸／ウールのファンシーヤーン（黄）少々
布地／リネン（白）45×35cm　接着芯／45×35cm

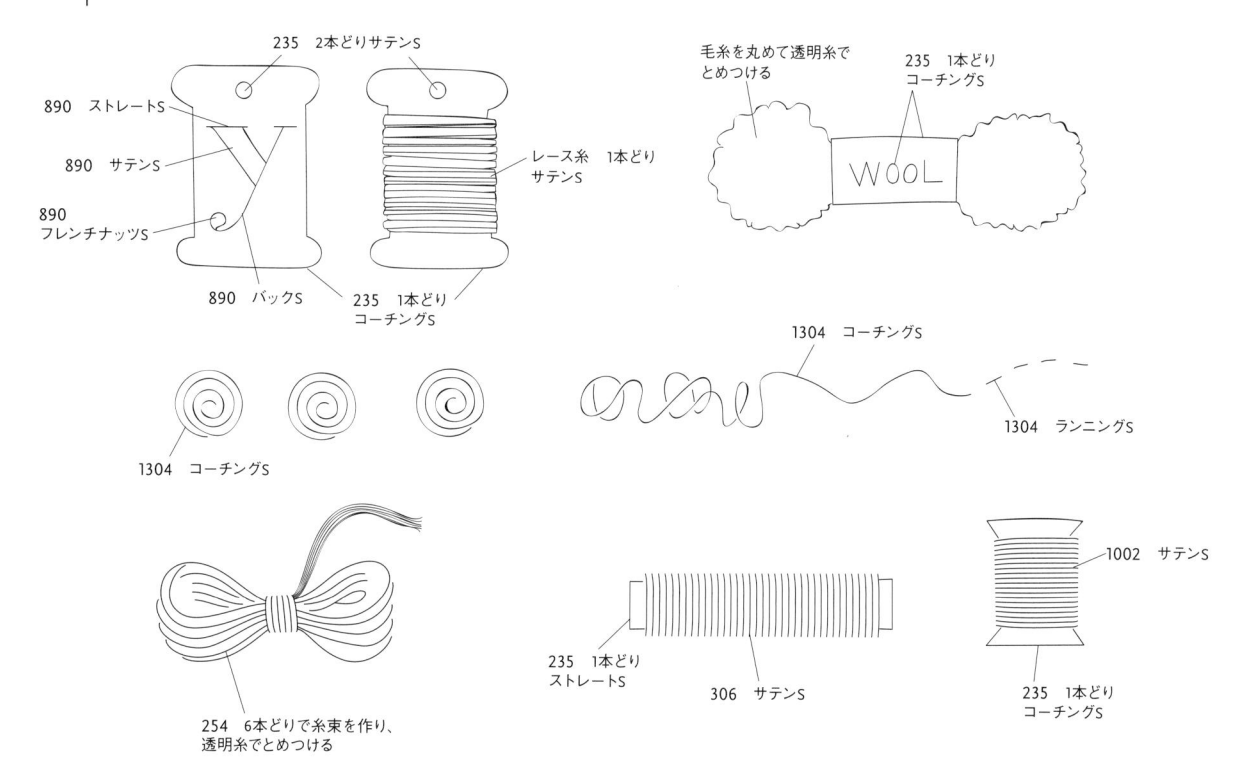

235　2本どりサテンS
890　ストレートS
890　サテンS
890　フレンチナッツS
890　バックS
235　1本どりコーチングS
レース糸　1本どりサテンS

毛糸を丸めて透明糸でとめつける
235　1本どりコーチングS

1304　コーチングS
1304　コーチングS
1304　ランニングS

254　6本どりで糸束を作り、透明糸でとめつける

235　1本どりストレートS
306　サテンS

1002　サテンS
235　1本どりコーチングS

Y　yellow yarn & yellow-green yarn collection

Z

p.062

［材料］
アンカー刺しゅう糸／25番＝401,926
布地／リネン（白）45×35cm　接着芯／45×35cm

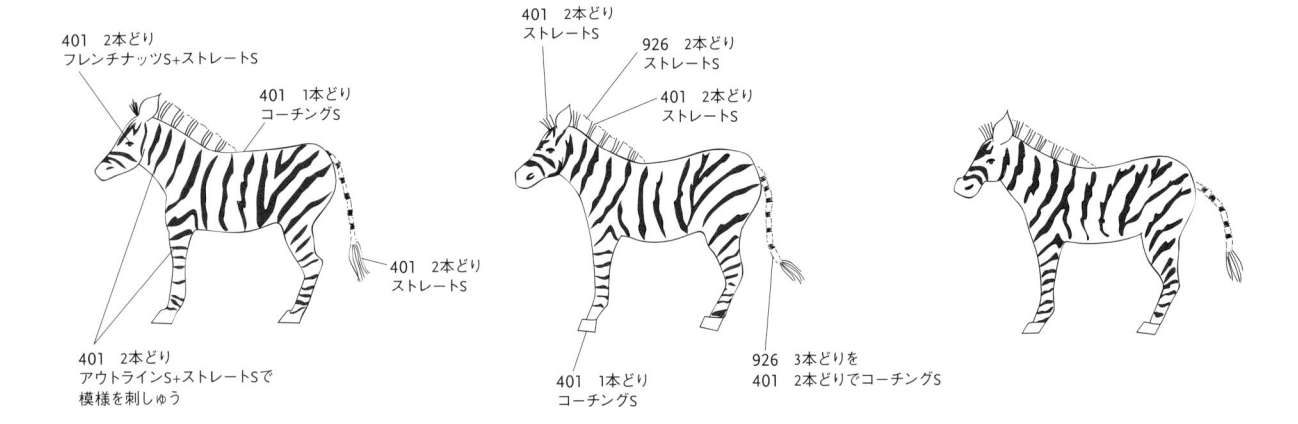

401　2本どり
フレンチナッツS+ストレートS

401　1本どり
コーチングS

401　2本どり
ストレートS

401　2本どり
ストレートS

926　2本どり
ストレートS

401　2本どり
ストレートS

401　2本どり
ストレートS

401　2本どり
アウトラインS+ストレートSで
模様を刺しゅう

401　1本どり
コーチングS

926　3本どりを
401　2本どりでコーチングS

zebra

Z

p.063

[材料]
アンカー刺しゅう糸／25番＝265, 255, 387, 885, 374, 393, 1086, 398, 399, 401, 893, 1023
布地／リネン（白）45×35cm、コットン（ベージュ）少々　接着芯／45×35cm、少々

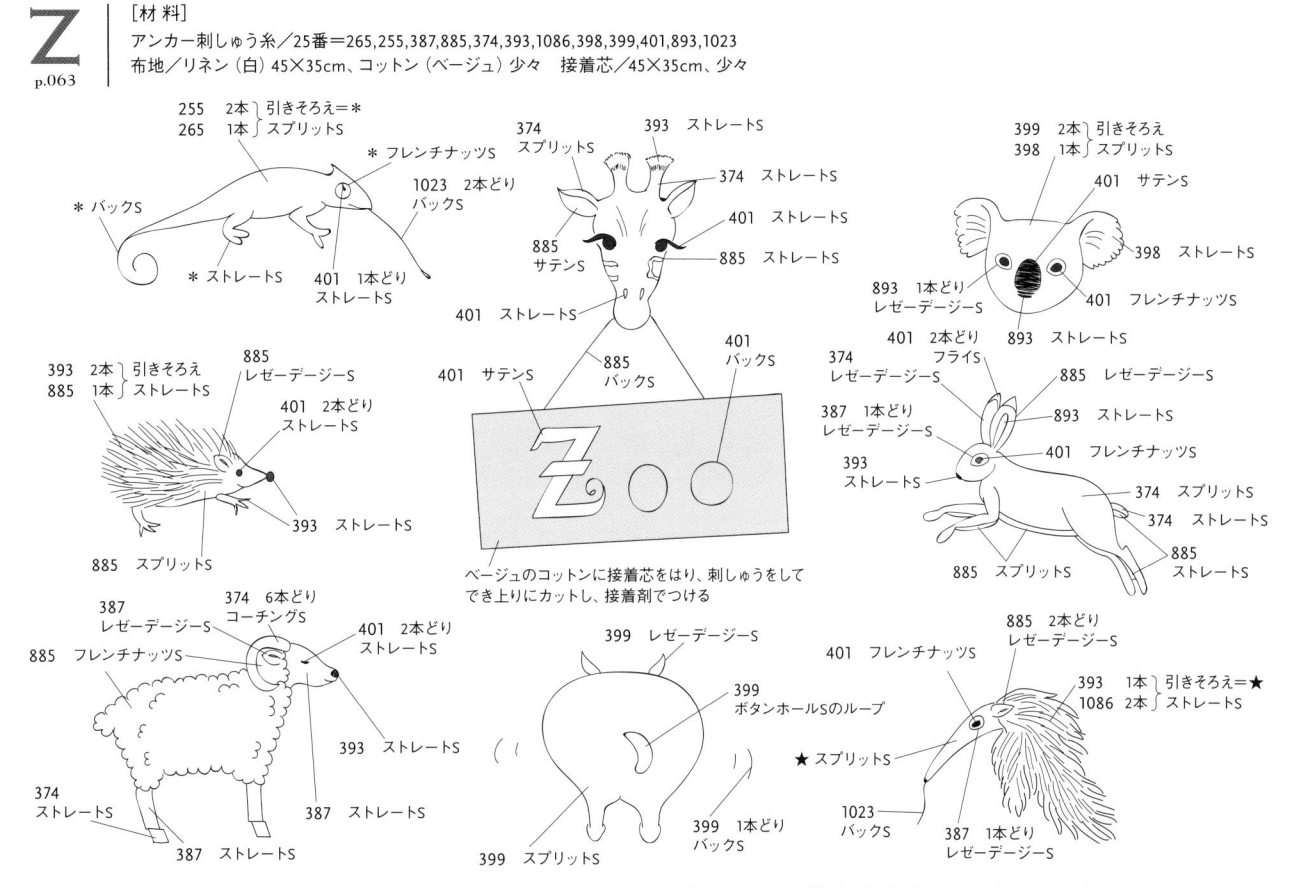

カメレオン
- 255　2本 ┐引きそろえ＝＊
- 265　1本 ┘スプリットS
- ＊フレンチナッツS
- 1023　2本どり　バックS
- ＊バックS
- ＊ストレートS
- 401　1本どり　ストレートS

キリン
- 374　スプリットS
- 393　ストレートS
- 374　ストレートS
- 885　サテンS
- 401　ストレートS
- 885　バックS
- 401　サテンS
- 401　バックS
- 885　ストレートS

コアラ
- 399　2本 ┐引きそろえ
- 398　1本 ┘スプリットS
- 401　サテンS
- 398　ストレートS
- 893　1本どり　レゼーデージーS
- 401　フレンチナッツS

ハリネズミ
- 393　2本 ┐引きそろえ
- 885　1本 ┘ストレートS
- 885　レゼーデージーS
- 401　2本どり　ストレートS
- 393　ストレートS
- 885　スプリットS

ウサギ
- 374　2本どり　レゼーデージーS
- 387　1本どり　レゼーデージーS
- 393　ストレートS
- 885　スプリットS
- 401　2本どり　フライS
- 893　ストレートS
- 401　フレンチナッツS
- 374　スプリットS
- 374　ストレートS
- 885　ストレートS

ZOO プレート
ベージュのコットンに接着芯をはり、刺しゅうをして
でき上りにカットし、接着剤でつける

ヒツジ
- 387　レゼーデージーS
- 374　6本どり　コーチングS
- 401　2本どり　ストレートS
- 885　フレンチナッツS
- 393　ストレートS
- 374　ストレートS
- 387　ストレートS
- 387　ストレートS

カバ
- 399　レゼーデージーS
- 399　ボタンホールSのループ
- 399　1本どり　バックS
- 399　スプリットS

アリクイ
- 885　2本どり　レゼーデージーS
- 401　フレンチナッツS
- 393　1本 ┐引きそろえ＝★
- 1086　2本 ┘ストレートS
- ★スプリットS
- 1023　バックS
- 387　1本どり　レゼーデージーS

Z　zoo……chameleon, giraffe, koala, hedgehog, rabbit, sheep, hippopotamus, anteater

青木和子　Kazuko Aoki

日々の暮らしの中で、自分が手をかけて育てた庭の花や、旅先で出会った野原や庭の花たちをスケッチしたものを、布地に刺しゅう糸で描いていく。ナチュラルで魅力的な作品の数々は、いとしさ、美しさ、楽しさが大いに人々の共感を呼ぶところとなっている。手芸家としてだけでなく、園芸家としても熱心な勉強を続けている。
著書に『青木和子のクロスステッチ ワイルドフラワーガーデン』『青木和子のクロスステッチ バラと暮らす』『青木和子 旅の刺しゅう 野原に会いにイギリスへ』『青木和子 クロスステッチ A to Z』（文化出版局刊）ほか多数。
http://www.tiny-garden.jp

参考文献
『育てて楽しむ　はじめてのオリーブ』LLP オリーブの本をつくる会編　岡井路子監修
『わたしは誰でもない　エミリ・ディキンソン詩集』川名澄編訳　風媒社
『MÄRKBOK』KERSTIN GAVLER 著　LARS HÖERBERGS BOKFÖRLAG
『MÄRKBOK 2』Elsie Svennås 著　ICA-Förlaget
『SCOTTISH TARTANS in Full Color』James Grant 著　Dover Publications

刺しゅう糸提供

ユキ・リミテッド（アンカー）
兵庫県西宮市苦楽園四番町10-10　tel.0798-72-1563
アンカー刺しゅう糸取扱いサイト　http://www.craftindex.jp

材料提供

ホビーラホビーレ
東京都品川区東大井5-23-37　tel.03-3472-1104　http://www.hobbyra-hobbyre.com

リネンバード
東京都世田谷区玉川3-12-11　tel.03-5797-5517　http://www.linenbird.com

ブックデザイン	天野美保子
撮影	公文美和
トレース	day studio ダイラクサトミ
小物の作り方解説	山村範子
Special Thanks	山本晶子
	大原久美子
	原茂ワイン

青木和子　刺しゅうのレシピ A to Z

2010年2月28日　第1刷発行
2010年12月9日　第3刷発行

著　者	青木和子
発行者	大沼 淳
発行所	学校法人 文化学園 文化出版局
	〒151-8524
	東京都渋谷区代々木3-22-7
	電話 03-3299-2489（編集）
	03-3299-2540（営業）
印刷・製本所	株式会社文化カラー印刷

©Kazuko Aoki 2010　Printed in Japan
本書の写真、カット及び内容の無断転載を禁じます。

®本書の全部または一部を無断で複写（コピー）することは、著作権法上での例外を除き、禁じられています。
本書からの複写を希望される場合は、日本複写権センター（tel.03-3401-2382）にご連絡ください。

ご注意
本書で紹介した作品の全部または一部を商品化、複製頒布、及びコンクールなどの応募作品として出品することは禁じられています。
撮影状況や印刷により、作品の色は実物と多少異なる場合があります。ご了承ください。

青木和子の本

青木和子　クロスステッチ A to Z

青木和子　旅の刺しゅう
野原に会いにイギリスへ

青木和子のクロスステッチ
バラと暮らす

青木和子のクロスステッチ
ワイルドフラワーガーデン

お近くに書店がない場合、読者専用注文センターへ　0120-463-464　ホームページ http://books.bunka.ac.jp/